BUR
rizzoli

Vittorino Andreoli in BUR

Alfabeto delle relazioni
Camice matto
Capire il dolore
Il Cardinale
Cronaca dei sentimenti
Dalla parte dei bambini
Delitti
Il denaro in testa
Dentro la follia del mondo
Dietro lo specchio
E la luna darà ancora luce
Follia e santità
Fuga dal mondo
I giardini della miseria
Giovani
Istruzioni per essere normali
Il lato oscuro
Lettera alla tua famiglia
Lettera a un adolescente
Lettera a un insegnante
Il linguaggio grafico della follia
Il matto di carta
Il matto inventato
La mela è pronta
I miei matti
Le nostre paure
Nuovo Genesi
Una piroga in cielo
Un posto in platea
Principia
Lo psichiatra era matto
Racconti perduti
Un secolo di follia
I segreti di Casa Pascoli
Senza una meta
La testa piena di droga
Tra un'ora la follia
L'uomo folle
Vecchio mondo
Versi sotto la terra
Vestiti d'ignoto
La violenza
La vita digitale
E vivremo per sempre liberi dall'ansia
Voglia d'ammazzare

Vittorino Andreoli

Lettera a un adolescente

BUR
rizzoli

ISBN 978-88-17-05630-4

Prima edizione Rizzoli 2004
Terza edizione BUR Grandi saggi settembre 2012

LETTERA A UN ADOLESCENTE

Carissimo,

è bene ti dica subito che sono vecchio, faccio parte non solo della categoria dei padri ma anche di quella dei nonni.

Un vecchio convinto che non sia accettabile il mutismo tra generazioni, che vuol dire tra padri e figli dentro la stessa casa, mentre ci si trova fianco a fianco. È meglio parlare che stare muti. Nel mutismo prendono il sopravvento rancori e odi, e allora bisogna non stancarsi di provarci e proprio per questo, per oppormi al dolore della non comunicazione, ho deciso di scriverti.

Ho molte cose da dirti, emozioni e sentimenti da trasmetterti. Mi rivolgo a te senza giovanilismi forzati, semplicemente da vecchio. Assumo nei tuoi confronti l'atteggiamento di un padre e di un nonno. Incarnerò insomma il mio ruolo e lo farò fino in fondo.

Di fronte a te, con tutta la forza delle mie convinzioni, con la consapevolezza che non sono «la verità», ma semplicemente ciò in cui credo, perché tu sappia come la penso e quindi quale sia la mia visione della vita e di quella di un adolescente in particolare.

Non serve scambiare ragionamenti se non si colgono le motivazioni che ci portano a esprimerli e i legami che si vorrebbero attivare mentre ne parliamo. Per questo voglio incominciare la mia lettera parlando del rapporto tra sentimenti e idee dentro ciascuno di noi e nella comunicazione, quando uno si incontra con l'altro, un adolescente con il proprio padre.

Credo si tratti di due domini per certi versi separabili, sia perché hanno un percorso di sviluppo e di apprendimento propri, sia perché, pur influenzandosi, svolgono due funzioni diverse.

Una distinzione supportata dagli studi sul cervello, che hanno permesso di individuare aree che sovrintendono all'elaborazione dei sentimenti separate da quelle in cui invece si integrano le attività del pensiero logico-razionale, che dovrebbe portare al «chiaro e distinto» e a tutto ciò che definiamo obiettivo.

Insomma, da una parte c'è il mondo del soggettivo e dall'altra quello che invece dovrebbe valere per tutti. La ragione dovrebbe avere come scenario l'universale, mentre il mondo dei sentimenti il *particulare*, inteso proprio come mondo che mi appartiene e che è soltanto «mio».

Io credo che il comportamento, inteso come azioni, gesti che noi compiamo nel quotidiano, sia influenzato soprattutto dai sentimenti, e che non sempre la ragione sia in grado di modificarlo. E ciò spiega perché sovente assumiamo atteggiamenti nonostante appaiano assolutamente negativi o controproducenti.

Sono dunque i sentimenti a guidare e persino a condizionare il procedere della ragione, capovolgendo la convinzione per cui la ragione rappresenta il «freno inibitore» della nostra «irrazionalità».

E per questo non serve essere più «intelligenti» per mantenere un comportamento più «saggio», e non traiamo molto vantaggio da un tempo, il tempo presente, che vede nei giovani una crescita della ragione rapidissima e quella dei sentimenti, invece, molto più lenta che nel passato

Di certo, tra loro ragione e sentimenti, pur distinti, sono però in correlazione.

E ora mi piacerebbe che tu mi seguissi in qualche considerazione proprio sulla mente umana e sul livello che le conoscenze hanno raggiunto in questi ultimi anni.

È un tema che mi affascina, perché da sempre sono attratto dal comportamento dell'uomo e dal cervello, che ne rappresenta la stazione operativa.

Ebbene, negli anni Cinquanta del Novecento, quando ho deciso di occuparmi del comportamento degli uomini, e in particolare di quello degli adolescenti, l'idea era che il cervello fosse rappresentabile come un cristallo, complicato certo, ma come ogni cristallo fissato, determinato.

Si pensava, per esempio, che se uno è matto, dipende dal fatto che quel cristallo è rotto almeno in qualche sua parte. E poiché un cristallo di Boemia non lo puoi aggiustare restituendogli l'originaria lucentezza, così anche il cervello rimane in quella parte opaco per sempre. Inutile aggiungere che un oggetto di questo tipo, se ha un difetto, perde di valore, anche se in alcuni punti lascia passare la luce perfettamente.

Insomma, il determinismo era d'obbligo, l'ipotesi cioè che il comportamento dipenda dal cristallo e non piuttosto dalla luce che lo colpisce.

Alcune di queste considerazioni mantengono ancora un senso. È certamente attendibile che parte del nostro cervello sia organizzato in maniera definitiva, poiché la nostra sopravvivenza si lega anche alla capacità di rispondere immediatamente a stimoli che derivano dall'ambiente in cui siamo calati e viviamo.

Se uno appoggia le dita su una fiamma, subito si verifica un movimento automatico di flessione del braccio che allontana la mano impedendole di ustionarsi. Se un bambino non avesse paura del buio potrebbe urtare, muovendosi, e farsi del male. Così è per il vuoto: se non ne avesse una percezione immediata, si butterebbe da un precipizio senza la minima consapevolezza del rischio.

Insomma, sono molte le funzioni della mente che agiscono da meccanismi di difesa della nostra esistenza nell'ambiente in cui ci troviamo.

Abbiamo bisogno, cioè, di quel cristallo, di una organizzazione genetica che sappia mettere in atto comportamenti automatici e non scelti. Di fronte a un pericolo non c'è spazio per considerazioni e valutazioni. Occorre una reazione immediata.

Se però, come si pensava allora, tutto fosse cristallizzato e determinato, non rimarrebbe spazio per la libertà di scelta. E persino la mia decisione di scriverti sarebbe espressione di una meccanica fatale, e non esito di un proposito. Come invece è, anche se di un proposito a lungo rimandato e rimasto incerto. Scelta e incertezza sono il segno che non tutto può essere meccanico.

Ed ecco la grande scoperta, una delle tappe straordinarie della scienza, e mi fa piacere cominciare questa epistola proprio con un riferimento scientifico, anche per dirti che, nonostante mi occupi di singoli, di individui, ho bisogno di conoscere tutto quanto la scienza va scoprendo sulle leggi che regolano le caratteristiche della specie umana e dunque del comportamento dell'uomo, non del singolo uomo.

Si è scoperto il cervello plastico: un'espressione quanto mai lontana dalla fissità di un cristallo. Esistono aree del cervello non cristallizzate, prive cioè di una strutturazione esistente fin dalla nascita o raggiunta definitivamente subito dopo, e da quel momento fissata per sempre. Le aree plastiche hanno invece un'enorme potenzialità e dunque possono organizzarsi sulla base di un'esperienza. Senza quella esperienza, che significa quel rapporto specifico tra singolo e ambiente in cui vive in quel momento, non avverrebbe nulla.

Dire che il cervello è plastico significa riconoscere che almeno una parte di esso impara con l'esperienza e che dopo l'esperienza è quindi capace di fare cose che prima non sapeva fare, e che siccome l'esperienza è individuale ciascuno è in grado di compiere azioni che altri non possono fare.

Nelle zone plastiche è possibile, dunque, non solo che si organizzino strutture da cui dipende il comportamento, ma anche che esse cambino, cambiando di conseguenza un modo di agire.

Significa che tu e io possiamo imparare qualche cosa, reciprocamente uno dall'altro, e questa affermazione non si limita al senso comune di uno scambio di parole, ma implica un cambiamento biologico, perché l'apprendimento agisce formando ex novo delle strutture cerebrali.

Apprendere significa cambiare e imparare vuol dire modificare il nostro modo di comportarci.

Lasciami fare un riferimento alla nostra memoria. Se tu di queste prime pagine lette ricorderai qualche cosa questa sera e ne discuterai incontrandoti con il tuo miglior amico o amica, magari domani o magari anche tra un anno, ebbene significherà che ciò che hai letto ha costituito per te un'esperienza che si è fissata nel cervello plastico e ha messo in moto dinamiche su cui si basa il ricordo a breve termine (se ne parli stasera) o a lungo termine (se ne fai riferimento tra un anno). È avvenuto qualcosa che ora c'è e non c'era prima di questa lettera, che diventa dunque parte del tuo cervello. Poiché dal cervello dipende il comportamento, questa tua lettura non si sarà ridotta a parole al vento, ma si sarà addirittura trasformata in organizzazione cerebrale nuova e in nuovo comportamento.

Io non spero certo tanto, ma nella storia dei singoli ci sono state esperienze che hanno modificato la vita. E basterebbe citare i cambiamenti di frate Francesco e, più ordinariamente, la trasformazione di qualche giovane che, presa una cotta per una ragazza, ha ridotto tutto il mondo a lei e ha riferito ogni significato a lei.

L'amore cambia la vita: questo lo sapevi, ma ignoravi il substrato cerebrale che ne costituisce il fondamento.

Se potessi ridurre la tua adolescenza a una parola, direi che è una metamorfosi, un cambiamento, una modalità nuova di pensarti e di vedere il mondo che ti circonda. E ciò non può che essere l'espressione di esperienze e di apprendimento da legare al cervello, a quella parte plastica che può cambiare e che cambia anche nella comunicazione, nello stare insieme e persino nel parlarci attraverso una lettera. Riferendomi al cervello e alla mente non mi allontano quindi dal tema della tua adolescenza. Ma restiamo ancora un po' «dentro la testa».

Con la parte cristallina del tuo cervello, organizzata dai geni, tu sei in contatto con il passato, che non è certo solo quello recente, ma si perde nella notte dei tempi e abbraccia tutta l'evoluzione della specie umana. Insomma, con la parte cristallina si garantisce la radice della nostra identità di uomini.

Con la parte plastica, tu sei invece un uomo del tuo tempo, del tempo presente, e attraverso le esperienze quotidiane organizzi la tua vita e ti proietti persino nel futuro. Se è vero che imparando modifichi le strutture plastiche di quel cervello da cui dipendono il tuo agire e il tuo comportamento, tu incameri oggi strutture (esperienze) che ti faranno agire anche domani.

Il cervello è un terminale che da una parte riceve i messaggi determinati della specie, e dall'altra vive il presente, e con l'esperienza modifica la sua parte plastica definendo un modo di comportarsi particolare e nuovo, valido anche per il futuro.

Talvolta, nel confronto con qualche tuo coetaneo, avrai apprezzato le sue doti mentali e svalutato le tue pensando, magari, che la differenza sia fatale, stabile, non modificabile. Ebbene, ricordati che se il colore dei tuoi occhi è una caratteristica stabilita per sempre, non così la tua mente, che tu e le esperienze che condurrai potrete modificare fino a colmare ogni differenza e realizzare i tuoi desideri.

Il cervello è un organo meraviglioso ed è un peccato che l'uomo lo usi poco e magari male, e che lo maltratti. E i primi a farlo sono proprio gli adolescenti, quando vanno in motorino senza casco, col rischio di romperne sia la parte a cristallo che quella acquisita.

Al cervello si legano anche i sentimenti, come ti dicevo, che danno il colore a tutto ciò che facciamo ed esprimiamo. Si può scrivere una lettera con sentimenti diversi e una stessa frase si carica dello stesso significato esplicito, ma di diverse tinte affettive. È l'ombra dei sentimenti a dare sensi diversi alla medesima frase. Ci tengo a esplicitare che il sentimento con cui ti scrivo, e che rappresenta lo scenario di questo nostro incontro epistolare, è di grande affetto: io sono interessato a te perché ti voglio bene. E questa cornice permane anche se i miei discorsi, le idee, le opinioni che ti scrivo non dovessero essere da te condivisi.

I sentimenti devono persistere intatti persino nella contrapposizione «violenta» delle idee (una volta si diceva dialettica, e dunque per contrari).

E ciò dovrebbe valere sempre, in ogni relazione umana e particolarmente in quella tra genitori e figli.

Se un padre si trova di fronte a un comportamento del figlio adolescente che non approva, anzi che ritiene contrario ai principi che hanno informato la sua vita (e speriamo che sia stato coerente), deve mostrare il suo disappunto, il suo dissenso, ma deve anche aggiungere: «Ricordati tuttavia che qualsiasi cosa tu faccia, qui ci sono sempre tuo padre e tua madre che ti vogliono bene».

Due generazioni non possono condividere gli identici schemi esistenziali o i gusti imposti dalle mode dei tempi, ma il dissenso non può in alcun modo alterare il legame d'amore, che tra un padre e un figlio non può venire meno.

La distanza tra generazioni aumenta nella società contemporanea, che muta con una rapidità tale da rendere vecchie concezioni soltanto di qualche anno prima; ma ciò non vuol dire che allora la guerra e l'odio tra padri e figli sia da considerare una fatalità del tempo, poiché nessuna contrapposizione, mai, deve poter rompere il legame affettivo, sentimentale, tra loro.

Non è possibile che una madre di quarant'anni la pensi esattamente come una figlia di diciassette e se davvero, prendendosi per mano e magari abbigliandosi allo stesso modo, affermassero che il loro è un caso felice perché la pensano nell'identica maniera, si può essere certi che una delle due sarebbe da curare.

I mondi generazionali hanno a dividerli scarti abissali e sono patetici sia il giovanilismo dei padri che affermano di essere degli amici per i figli, sia la maturazione precoce di quei figli che ammirano i propri padri e ne scimmiottano le affermazioni.

È atteso e comprensibile un conflitto tra visioni

del mondo, che tuttavia non deve intaccare i legami affettivi, l'amore.

Ecco cosa intendevo dire con «io ti voglio bene».

Ecco perché non accetto che un padre dica al proprio figlio, quando non ne condivide il comportamento: «O cambi o quella è la porta».

Inaccettabile, non solo perché la casa è anche del figlio, è lo spazio dove deve essere garantito il diritto degli adolescenti alla crescita e all'educazione, ma soprattutto perché sbattere uno in strada non rientra in alcun rapporto educativo dignitoso.

Le visioni del mondo, i comportamenti sostanziali ma anche quelli di minor rilevanza, come tornare la notte a un'ora piuttosto che a un'altra, vanno discussi, ognuno deve chiaramente esprimere cosa ne pensa, ma non giungere alle imposizioni che spaccano i legami e ammazzano l'amore.

Lo so, la figura del padre si identifica con l'autorità, ma l'autorità non è un bene che si può acquistare al supermercato e nemmeno una qualità che si ottenga automaticamente generando un figlio. È uno status che affonda la propria costruzione nell'intera vita di una persona.

È fatta di coerenza, di credibilità e certo anche di abilità professionale, che può portare vantaggi a tutta la famiglia, compresi i figli adolescenti che per questo oggi sono chiamati, seppur con le debite distinzioni, gli adolescenti del benessere o dell'inutile.

L'impegno di un padre sul lavoro, fatto sempre passare come impegno e sforzo per la famiglia, non fonda la sua autorità, ma semmai il potere, l'autoritarismo, che è una patologia dell'autorità. Essere autoritari (non autorevoli) significa pretendere da un figlio semplicemente perché si può pretendere, al di là della relazione, che è sempre un legame a doppia direzione.

L'autorità è anche carisma e desiderio di stare con l'altro, di sentirlo in certe situazioni particolarmente.

È presenza anche se non si è lì fisicamente in quel momento.

E non è un diritto acquisito passivamente, ma una caratteristica che si conquista, è uno stile del rapportarsi che non ammette generosità eccessive oppure punizioni immotivate.

Mantenere la coerenza e rifiutare i condizionamenti e i compromessi non è facile, per questo molti padri non hanno autorità e non godono di questo riconoscimento. Così finiscono per compensare la loro frustrazione con l'autoritarismo: «O così o quella è la porta», pugno di ferro la sera e guanto di velluto il mattino. E l'adolescente non riesce a capire perché sia stato punito in un caso e perché venga gratificato o riceva un regalo nell'altro. E non lo può capire facendo riferimento a sé, perché tutto si svolge dentro la mente del padre, che vorrebbe essere autorevole e non può che mostrarsi autoritario. Un fallimento cui si aggiunge anche il dolore di aver messo in gioco la dignità, che è la componente essenziale per essere padre. Si finisce ancora in un compromesso: fare il padre senza esserlo.

Occorrerebbe che gli adulti dedicassero più tempo a questa dimensione, lasciando da parte almeno per un po' la corsa al successo, alla ricchezza, al benessere, che talora richiede proprio compromessi che sanno di meretricio e che poi si impiantano dentro la propria coscienza e non si dimenticano.

Io lo so che il benessere è una grande conquista, ma è troppo costoso quando finisce per uccidere l'autorità, che è il perno stesso di una relazione educativa e un bisogno primario per gli adolescenti.

Conosco tanti padri ricchi che hanno dato tutto, nel senso di oggetti e di denaro, ma non sono in grado di essere ascoltati perché mancano di quella credibilità che appunto li fa percepire come modelli da imitare.

Conosco anche tanti padri anonimi, che invece hanno difeso questa dote e vivono in famiglie forse povere di oggetti, ma ricche di legami d'amore.

Te lo confesso, sono sempre più attento e attratto dalle vite nascoste, da quelle esistenze minime rispetto ai parametri del successo, che hanno però mantenuto una grande dignità fatta di sacrifico, di fedeltà, che hanno saputo conservare legami d'amore senza investire tutto nella carriera e negli affari.

Vedi, io provengo da una famiglia modesta, ma

avevo in casa il mio eroe, mio padre. Un uomo che ha camminato sulla terra con la leggerezza di un airone per paura di disturbare e ha mostrato sempre coerenza, disponibilità e fedeltà. Uno di quelli che ha pagato duramente sotto il fascismo e dopo la sua caduta non ha dovuto nascondere la divisa, come molti «padri della patria», per correre ai cortei della democrazia e così fare carriera con l'antifascismo dopo averla fatta col Duce.

E permettimi anche di dirti che, grazie a quell'esempio, credo di non aver mai, proprio mai, ceduto al compromesso, che significa anche non aver richiesto e fatto raccomandazioni, oltre che non aver mancato ai principi informatori del mio stile di vita. Vorrei che tu tenessi conto di questa mia caratteristica più di ogni altra che mi possa venire attribuita. Rappresenta anche la fonte che mi dà il coraggio di scriverti e di domandarti la pazienza di leggere una lettera che si sta gradatamente allungando. Ma, ti prego, non stracciarla e non buttarla in un cestino, perché accarezzo il sogno di poterti trasmettere qualcosa che serva al tuo progetto di esistenza, al tuo essere protagonista della tua vita.

È bellissimo educare, significa tirare fuori e non imporre, come spesso si crede. E allora anche una lettera può aiutarti a scoprire quanto c'è dentro di te. «Educare» vuol anche dire «venire educati». Quella educativa è una relazione a due dove chi educa e chi è educato non sono distinguibili, e addirittura si possono cambiare i termini, anche se non i ruoli, che devono invece restare ben differenziati: semplicemente, talora il figlio apprende dal padre e talora il padre impara dal figlio e quindi ne viene educato.

Educare non richiede atteggiamenti particolari, e fare lezioni educative e istituire «l'ora di educazione familiare» sarebbe semplicemente ridicolo. Educare significa vivere insieme conoscendo bene i bisogni dell'altro e approfittare di ogni occasione per aiutare, condividendo. Nel rapporto educativo lo spazio e il tempo sono sempre adeguati e non ci sono né luoghi, né tempi inadatti.

Mi piacerebbe – e tu dillo a tuo padre e a tua madre – che talvolta, tornando a casa stanchi e forse delusi, potessero a tavola raccontare le proprie difficoltà, chiedere un consiglio a te adolescente, esprimere il dolore di un ruolo magari degradante. Di' loro che i figli sanno dare consigli utilissimi, che sanno ascoltare con attenzione e affetto, e che talora quei consigli sono risolutivi. E comunque sono la garanzia perché quando anche loro sentono la fatica di vivere e avvertono di non essere all'altezza della complessità labirintica del mondo di oggi, aspettino la sera il papà o la mamma per potergli porre il problema, ancora confuso, per sentire il loro consiglio.

Certo, bisogna che il televisore non si trovi vicino alla tavola da pranzo e non si insinui, intrigante, tra le poltrone in cui ci si può sedere per parlare insieme, altrimenti la sua voce metallica e la sua vacuità colorata si imporranno sull'atmosfera di casa, sullo stato d'animo con cui si dovrebbero affrontare i problemi, e nessuno racconterà nulla. Così, la dinamica dell'educazione si bloccherà e né i padri saranno utili ai figli e né i figli ai padri.

Che bello se i padri capissero la straordinarietà dell'essere uniti e di vivere legati. Che strazio continuare a sentir dire che gli adolescenti sono un problema, un pericolo, una cappa che impedisce all'adulto, padre o madre, di vivere come vorrebbe, senza tutte quelle limitazioni. Con questo clima non si educa.

Avere dei figli è bellissimo, si scopre un mondo nuovo che altrimenti sarebbe perduto, a meno di non illudersi di coglierlo nei ricordi di un passato troppo lontano dall'oggi.

È straordinario avere dei figli, anche se hai sempre il timore di non fare abbastanza e talora il dubbio di avere sbagliato, quando sarebbe stato utile per loro che tu fossi più prudente e più saggio. Un dolore mitigato soltanto dalla certezza della tua coerenza, di un'onestà spinta fino all'ossessione, e dalla consapevolezza di non aver mai tradito la gioia di essere un padre.

È meraviglioso seguire la vita di un figlio da quando esce dal ventre della propria moglie e partecipare alla sua crescita sentendosi indispensabili. Prendere parte al più bell'esperimento che il mondo possa offrire. Fare il padre è bellissimo, riempie di gioia anche se la gioia non esclude la malinconia e neppure il dolore.

I bambini e gli adolescenti, in questo senso, sono una ricchezza e hanno bisogno di padri e non di ricchi sfondati che parlano sempre di soldi e che quando vogliono mostrarsi potenti estraggono il libretto degli assegni per comperare oggetti capaci di sorprendere e di meravigliare.

Io lo so, non sempre i padri possono essere autorevoli, talora si sono mangiati la reputazione, hanno compromesso persino la dignità, e soffrono per questo mascherando il dolore anche in maniera eclatante.

Penso con rispetto a un padre che si ubriaca, che cerca di trovare una metamorfosi nel vino, e so che gli adolescenti di metamorfosi si intendono. Riempirsi la testa di vino è il segnale forse inconsapevole di una vita mancata, è la maniera per ubriacare il dolore quando è troppo forte e quando è impossibile sedarlo altrimenti.

Mi piacerebbe pensare a tuo padre come a un educatore autorevole, ma se non è così, se non lo è, non sognare solo di andartene, ma pensa che tu stesso lo puoi aiutare, e non dimenticare mai che è quello che hai. E che ti vuole bene, magari a modo suo.

Nella vita incontrerai tante persone, grandi amici; troverai l'amore, una bella ragazza che ti capisce o, se sei una femmina, un bel ragazzo che ti aiuti a vivere. Ma sappi che tuo padre e tua madre rappresentano l'unico esempio di chi ti vuole bene per sempre, anche quando sbagliano. E possono persino farti del male, volendoti bene.

Per questo mentre riconosco il tuo bisogno di autorità, ti supplico di mantenere sempre il rispetto per tuo padre e tua madre, vedendo nelle loro sciocchezze un modo sconclusionato e magari assurdo e controproducente di amarti, che può paradossalmente giungere sino alla violenza.

Quella dei padri è l'unica violenza che nasce dall'amore, e forse dalla rabbia di non poter essere un padre e una madre come si vorrebbe per via di una vita in cui si sono perse le caratteristiche per poter essere un'educatrice autorevole e un padre esemplare.

Rispetta tuo padre e tua madre, anche se non ti piacciono, anche se fanno errori evidenti. Non c'è bisogno di punirli con la crudeltà che qualche volta i figli sanno usare. Già si riprovano da soli fino a odiarsi e a «buttarsi via» come se non servissero, fino a voler cancellare i propri connotati fisici e la propria personalità riempiendosi di vino oppure scegliendo il bar invece che le stanze di casa, dove si sentirebbero soli, inadeguati, perché tutto richiama alla paternità e loro si sentono dei padri «morti».

Almeno qualche volta, mostra che per te sono importanti, anche se fanno poco o hanno combinato dei guai. Aiutali a non denigrarsi troppo.

E permettimi di dirti che persino un padre ubriaco è un padre e talora può essere straordinario, mentre non avere il padre è straziante perché se ne sente sempre la mancanza. È presente solo la sua mancanza. In un'osteria, invece, reale o simbolica, c'è e lo puoi andare a prendere e sorridergli e vederlo sorridere e magari tornare a stare con te che sei un sogno, mentre gli avventori di un'osteria sono solo dei sofferenti che ridono artificiosamente.

Insomma, ricordalo, l'educazione non è un ricevere passivo, ma una relazione particolare con uno che dà e che allo stesso tempo riceve. Se hai bisogno di ricevere autorità, non dimenticarti di offrire rispetto e comprensione, anche quando le condizioni non sembrerebbero renderlo possibile.

L'adolescenza, come momento di crescita, è difficile e talora dolorosa, anche perché cominci a vedere il dolore nell'altro, nel tuo stesso educatore. Un padre che non esprime la sua paternità può incominciare a farlo se le condizioni promosse da un adolescente lo rendono più facile.

Ti sembrerà strano, ma come vedi occorre che l'educando aiuti il proprio educatore, per far sì che egli lo educhi nel modo migliore.

Questa è una delle conseguenze dell'interrelazione, e l'educazione – te lo voglio ripetere – è un rapporto tra te e tuo padre in cui i due termini, entrambi, condizionano lo stile e il risultato del processo.

Non è facile crescere, per un giovanotto o una giovanotta come te, ma lasciami dire che non lo è nemmeno per un padre come me.

Vedi, mentre essere «genitore» è un'acquisizione che si lega al concepimento di un figlio (non così faticoso e anzi gradevole, e mi pare bello poter affermare che la storia di una nuova nascita, anche della tua, è cominciata con un piacere intensissimo), essere «padre» è una conquista lenta che si acquisisce anche grazie alla relazione con il figlio.

Insomma, tutti sono genitori ma non tutti padri. Ora però è chiaro che dipende anche dalle condizioni che i figli sono in grado di creare: di difficoltà o di facilitazione. Per simmetria si può dire che sono molti i generati e pochi i figli, se si vuole caricare questo termine di una valenza affettiva, di amore. Anche tra essere figlio ed essere semplicemente generato c'è una bella differenza.

Se posso insistere su questo punto, vorrei farti considerare per un momento le adozioni. Lo sai, molti neonati o bambini vengono abbandonati e rimarrebbero soli se, attraverso l'istituto delle adozioni, non venissero affidati a una coppia che acquisisce la funzione di padre e madre adottivi. Questi bambini posseggono dei genitori che li hanno messi al mondo e un padre e una madre che li proteggono, li educano e danno loro una famiglia. Insomma, c'è chi ha messo al mondo un figlio e poi uno che lo prende con sé e, pur non avendolo creato, ne diventa padre.

È un'altra cosa straordinaria: diventare padre senza generare.

Anche in questo caso occorre conquistarselo, il

titolo, e questo può accadere solo nel rapporto che si sviluppa quotidianamente tra l'adulto che ha adottato e il bambino che è stato adottato.

Quando si afferma che, una volta cresciuto, questi avrà due padri, si sbaglia: avrà un genitore, che potrà conoscere, se esiste, e un padre, che è soltanto, e non può essere diversamente, quello adottivo.

Nessuno meglio di te sa che cosa sia l'adolescenza, perché la vive, ne ha esperienza diretta, anche se ti deve apparire un fenomeno, anzi una vita, che sfugge dalle definizioni tanti sono i suoi aspetti e le sue contraddizioni.

Tu sei l'esperto di questa fase dell'esistenza e credo che chiunque ne parli, magari carico di anni, ti sembri un po' matto, tra il fastidioso e l'ingenuo. Naturalmente bisogna essere tolleranti per non innalzare i muri della incomunicabilità tra le generazioni e accettare, sia pure con molti distinguo e la consapevolezza di un'inevitabile genericità, anche le definizioni che piacciono tanto ai padri.

Le definizioni non affermano verità, semmai indicano paradigmi, fili conduttori a cui non bisogna mai credere in modo assoluto. Tracce da cambiare, percorsi che bisogna essere pronti a lasciare per seguire nuove derivazioni, magari persino opposte.

Lo hai capito, adesso: io temo la verità, intesa come tutto ciò che è definitivo, non discutibile e non ulteriormente indagabile, e so che la tendenza comune è di far dire alla definizione proprio questo. Credo che non esista la dimensione assoluta, almeno per tutto quanto riguarda l'esistenza su questa terra e la storia dell'uomo. La verità è un obiettivo a cui tendere con la consapevolezza della sua irraggiungibilità.

Ecco, mi piace cercare la verità ma paradossalmente sono felice che non sia mai definitiva e che sia sempre possibile trovare al suo interno un errore che occorre correggere, giungendo a un'altra verità parziale che andrà anch'essa corretta. È questa la fatica, e il fascino, del comprendere.

Per questa profonda convinzione non appartengo ai profeti di questa terra, a coloro che sanno tutto e che, in nome della verità, vorrebbero disporre del comando, del potere assoluto.

D'altra parte non posso ricorrere alla mia adolescenza, vissuta tanti anni fa, per fondare la mia credibilità, poiché le adolescenze, al plurale, sono diversissime l'una dall'altra e dipendono non solo dall'età anagrafica ma anche dalla società e dalla cultura di un particolare momento storico.

La tua adolescenza è qualcosa di unico sia in quanto fenomeno del tempo presente, sia, naturalmente, perché in essa c'è una coloritura che dipende esclusivamente da te e dalle persone che hai attorno e che la vivono, direttamente o indirettamente, con te.

Insomma, credo non esista la verità per tutti quei fenomeni che chiamiamo storici, legati a molte variabili e dipendenti dalle interazioni di molte persone che sono, come abbiamo visto, non statue dominate da un cervello di cristallo, ma esseri in divenire, mutevoli grazie all'encefalo plastico.

Ciò non toglie che sia utile parlare dell'adolescenza, non per redigere un manuale di soluzioni, che sarebbe inutile o dannoso proporre, ma per sentire pareri, stimolare considerazioni che aiutino a individuare una maniera accettabile di agire e di decidere in questa età.

Sarebbe un errore concludere, come spesso fanno i giovani, che non serve a nulla sentire gli altri, tanto ognuno deve fare la propria esperienza e imparare sbattendo la testa contro il muro. Così facendo, ci si allontana dal dialogo e si privano di senso e di valore le esperienze già vissute che, se certo non contengono la formula per superare le difficoltà di oggi, possono comunque aiutare a comprenderle e quindi a decidere come affrontarle nel modo più opportuno.

Il mutismo tra generazioni è il male peggiore e non è affatto giustificato dal relativismo a cui abbiamo accennato che, se serve a rimuovere l'idea dell'Assoluto o della Verità, non deve condurre nelle secche della solitudine e del silenzio: «Tanto non serve a nulla parlare dei propri problemi, anzi finisce per metterti in cattiva luce e magari mostrarti non sufficientemente forte».

Il dialogo è una modalità per cercare dentro di sé una soluzione sufficientemente valida.

E ritorna il padre, non per impartire, come la Pizia di Delfo, indicazioni su cosa fare e cosa assolutamente non fare, ma come un interlocutore che ti vuole bene e che può parlarti di un'adolescenza lontana, certo, ma che tuttavia ha il pregio di essere stata vissuta e quindi in qualche modo risolta. Un interlocutore che ti aiuta a credere che una soluzione c'è e vale la pena di cercarla, al di là di improvvisazioni che hanno più del gioco che della strategia per vivere. E se l'adolescenza di tuo padre ti appare lontanissima, non solo per gli anni trascorsi ma per le caratteristiche che ha avuto, e quindi non lo ritieni sufficientemente competente sul tuo problema specifico, sappi che non conta tanto analizzare la sua vita, quanto parlare della tua. Le sue considerazioni, sia pure indirettamente, possono aiutarti a intravedere uno spiraglio di luce dove tu in quel momento vedi buio pesto.

Scusami per questa premessa, temevo, saltandola, di diventarti antipatico arroccandomi nella posizione dell'esperto, che io aborro anche se è un termine così abusato. Sono semplicemente una persona interessata alla tua vita e alla fase adolescenziale che stai affrontando, e nutro in me la speranza che, parlandone, tu possa trovare qualche aiuto nel viverla e io qualche stimolo a fare meglio il padre, capendo di più. E, aggiungo, divertendomi, perché le relazioni umane sono per me la più grande delle esperienze possibili, l'entrare non solo in contatto, ma venire dentro, essere parte, partecipare appunto, ai vissuti del proprio figlio o nipote.

Nel parlare della tua adolescenza, mi piace ricordarti che in alcune società l'adolescenza, come fase specifica della crescita esistenziale e sociale, non esiste. Con la pubertà, e quindi con la maturazione sessuale e la comparsa delle caratteristiche corporee che la accompagnano (i famosi caratteri sessuali secondari), il ragazzo viene sottratto dall'ambito familiare e passa a una vita attiva con un ruolo sociale preciso.

Nelle civiltà africane e guerriere, con la pubertà un maschio diventa un soldato e ha compiti nuovi e definitivi, come quello di salvaguardare la comunità da eventuali pericoli di predazione. Per la femmina, incomincia il periodo della procreazione.

Nelle società cosiddette evolute, l'adolescenza si è fatta all'opposto sempre più lunga, fino a far parlare di adolescenze ritardate e persino interminabili. Dall'adolescente, qui, non si pretende nulla, non deve svolgere una funzione propria e strutturalmente indispensabile alla vita della comunità, si deve soltanto attenere alla formazione necessaria per assumerla una volta che l'apprendistato adolescenziale sarà terminato. L'adolescente vive in vista del futuro e ciò che fa ora non ha un significato in sé, è un investimento per ciò che svolgerà in seguito.

Ecco perché, vista alla luce del tempo presente, l'adolescenza è una metamorfosi, un periodo di cambiamento che consente di raggiungere una certa stabilità, e rende quindi possibile la presa in carico di responsabilità, e dunque il diventare attore sociale.

Il coniugare «adolescenza» e «metamorfosi» trova sostegno anche nel mutamento macroscopico del corpo, della sua anatomia e funzionalità, che avviene in questa fase.

È con la pubertà che si apre l'adolescenza, divisibile in «prima adolescenza», che schematicamente va dagli undici-dodici anni ai quindici-sedici, e «seconda adolescenza», dai sedici-diciassette ai venti-ventuno.

La prima adolescenza corrisponde pressappoco all'età della scuola dell'obbligo.

Un individuo nuovo, dunque, nel corpo ma anche nella percezione della propria personalità e, di conseguenza, del proprio significato nel mondo.

In poco tempo il corpo muta e sembra veramente essere sotto l'effetto di magie o di incantesimi fiabeschi. Chi vive questa trasformazione si sente minacciato da possibili errori, dall'eventualità che gli arti crescano a dismisura o non si contenga lo sviluppo del seno e magari si blocchi o acceleri eccessivamente l'allungamento del pene.

Di fronte a questo cambiamento tanto acuto è facile essere presi dal panico, da un terrore non molto diverso da quello provato nella *Metamorfosi* di Kafka dal signor Samsa, che una mattina si sveglia e si ritrova mezzo uomo e mezzo insetto mostruoso.

La metamorfosi è un'esperienza tremenda. L'adolescente non si piace, anzi prova ribrezzo per quello che vede guardandosi a quel maledetto specchio, che sembra talvolta fare diagnosi drammatiche.

A quelle del corpo si devono poi aggiungere le variazioni psicologiche individuali, legate al carattere, che spesso vanno ad alimentare la timidezza, quella sensazione di non saper stare in gruppo, anzi di non essere accettati nonostante si sia disposti a fare tutto quello che il gruppo richiede per essere all'altezza.

In questa nuova dimensione i riferimenti familiari, papà e mamma, e persino la casa, appaiono strani, inadatti, e si è presi dalla voglia di cambiarli, se non di distruggerli. Ci si sente profondamente diversi e invece si vorrebbe essere uguali agli altri.

Insomma, cambiando il corpo cambia il mondo e veramente ci si sente inadeguati e talora persino impossibilitati a continuare a vivere.

Un periodo in cui l'orrore di sé porta a promuovere ogni cambiamento aggiuntivo e artificioso che appaia in grado di rimediare un po' al disastro che quell'età sta producendo: e allora ecco l'importanza dell'abbigliamento e del trucco, del piercing e di ogni orpello capace di sviare l'attenzione dai difetti e magari correggere i più vistosi.

La seconda adolescenza vede cambiare il teatro di riferimento e di azione: non più il gruppo degli amici, che chiameremo il gruppo dei pari, bensì una relazione a due. L'attaccamento a una ragazza o a un ragazzo per un'esperienza unica, di legame forte e di amore. Lo si vorrebbe esclusivo, questo rapporto, anche se l'insicurezza e la paura della propria inadeguatezza impongono rapidi passaggi, come quelli di una farfalla che cerca nettare su un fiore e poi su quello vicino.

Se nel gruppo ci si copre, nella relazione d'attaccamento ci si spoglia, occorre mostrarsi nel profondo, svelarsi, appunto. Non si è più concentrati sul corpo ma sulla personalità, e si avvia un lavoro di introspezione che mette in luce le proprie doti e i propri difetti. Il confronto tra come ci si percepisce e come si è vissuti è un gioco che permette anche di capirsi e di prendere fiducia, soprattutto quando per l'altro il legame con noi diventa indispensabile, nell'amore come nell'amicizia solidale.

Questa mi pare in sintesi l'adolescenza che stai vivendo, e l'immagine della metamorfosi, sia pure con fasi specifiche, deve aiutarci a capire i bisogni che genera e anche il modo in cui la si può sostenere. E non mi dilungo perché, come ho detto, tu la conosci, vivendola, anche nei dettagli.

Non credere tuttavia che la necessità del cambiamento sia esclusiva della tua età: ti posso garantire che persino la mia, l'età della vecchiaia, è un divenire continuo. Altrettanto difficile, coinvolge sia la dimensione corporea sia la personalità, e moltissimo il ruolo sociale.

Dai ruoli attivi vieni messo a riposo e smetti di svolgere una funzione a cui per molti anni ti sei dedicato. La pensione appare come l'anticipazione di un lutto, ti dichiara ormai incapace di fare ciò che hai sempre fatto: una morte sociale che precede la tomba.

Ma non voglio parlarti della mia metamorfosi, anche se potrebbe assomigliare a quella che cominciano a vivere tuo padre o il padre di tuo padre, a seconda delle loro età. Ciò che voglio sottolineare è che la vita intera è una metamorfosi, soprattutto in una società che muta rapidamente e trascina nel suo mutare ognuno di noi, in qualunque fase dell'esistenza.

Il cambiamento è una costante, e se lo inquadriamo nel rapporto di un padre con un figlio, ebbene diventa fondamentale che il padre cambi per aiutare il cambiamento del figlio, o anche soltanto per capirlo.

Insomma, l'esistenza è un continuo adattamento all'ambiente sociale in cui è calata.

Adattarsi non vuol dire accettare passivamente ma, come intendeva Darwin parlando dell'evoluzione delle specie, modificarsi per vivere da protagonisti in un dato ambiente e quindi per non soccombervi.

È comunque indubbio che l'adolescenza rappresenti di questa continua metamorfosi la parte più acuta, ed è all'adolescenza, a te, che questa lettera è indirizzata.

Lasciami sfatare ancora il luogo comune di una società divisa nettamente da criteri anagrafici, come se esistesse il mondo degli adolescenti, quello dei vecchi come me, quello degli adulti. Come se gli adolescenti fossero una parte separata rigidamente dagli adulti, e questi dai vecchi.

La società è la mescolanza dinamica di tutte le fasi dell'esistenza. Non si può parlare dei giovani staccandoli dai loro padri. Se lo si vuol fare deve essere chiaro che si tratta di una semplificazione schematica, strumentale a evidenziare un aspetto che tuttavia va riportato sempre all'insieme: alla famiglia, alla comunità locale, fino alla società, intesa proprio come la totalità degli uomini.

È questo l'ambito in cui dovrebbero essere considerati anche il merito e la colpa. Ognuno di noi è il risultato anche delle persone con cui vive e in particolare di quelle con cui è in una relazione significativa.

Se un adolescente compie azioni che la società elogia, il merito è certamente da attribuire anche al padre e alla madre e forse ai tanti altri che hanno contribuito a motivarlo in quell'impegno e a convincerlo che ce l'avrebbe fatta.

Lo stesso vale per quei comportamenti che la società non accetta e mira a eliminare attraverso regolamenti o sanzioni che distolgono dal desiderio di attuarli. La pena imposta a un adolescente dovrebbe essere anch'essa condivisa dalle persone che hanno il compito di aiutarlo a superare le difficoltà di questo periodo della crescita.

Quanto ti sto dicendo è la logica conseguenza del riconoscimento del ruolo fondamentale che svolge l'educazione nel disegnare il comportamento del singolo, e già sono state pronunciate sentenze in cui la colpa per il comportamento antisociale di un minore è stata spostata anche sul padre con l'attribuzione di una corresponsabilità.

A parte l'aspetto della punizione, è straordinario pensare alla dimensione familiare e sociale e constatare che ciascuno è legato all'altro e beneficia dell'insieme.

Persino quanto attualmente si intende con normalità e follia non dipende dalle caratteristiche esclusive del singolo, di ciò che è racchiuso dalla sua pelle, ma anche dalle relazioni in cui è coinvolto. Si può dunque dire che la mia normalità o la mia follia dipendono anche dalle persone che vivono con me, e non solo dalle mie caratteristiche biologiche e dalla mia mente. E pertanto la relazione di famiglia non è solo una modalità sociale di riunione delle persone, ma una vera unità funzionale, talmente carica di conseguenze e di effetti positivi (e negativi) da legare i familiari in un'unica entità. Estendendo questo concetto si arriva al consesso sociale come unità ampia, funzionale al singolo.

Il mio modo di essere si lega in parte anche ai miei figli. Io non so se ho realizzato qualcosa di significativo nella mia vita (talora mi alzo con la sensazione di un errore di scelta e di indirizzo, fatale), ma se è capitato lo devo anche a loro, oltre che a colei che ha condiviso la vita con me.

Se è così, allora anche il mio cambiamento, la mia «cura», dipende in gran parte da loro, che arricchiscono la mia voglia di migliorare, la mia speranza.

Carissimo, voglio intrattenerti ora un po' su una delle differenze più profonde tra generazioni, e in particolare tra quella dei padri e quella dei figli.

(L'espressione «padri e figli», lo hai capito, non deve essere presa alla lettera nel senso che si intenda escludere le madri e le adolescenti. È una formula linguistica con un significato non letterale.)

Mi riferisco al rischio o, meglio, alla sua percezione.

È diversissima la percezione che del rischio hanno i padri e i figli e, più specificatamente, la percezione che i padri hanno dei rischi che i figli corrono rispetto alla percezione che ne hanno i figli mentre li corrono.

Il rischio, come sai, è la probabilità, più o meno elevata, di un evento spiacevole o dannoso.

Il rischio è talora calcolabile su base statistica, anche se la logica dei grandi numeri non esprime fino in fondo ciò che può capitare a una persona. Si può quantificare la probabilità di un disastro aereo, misurata sulle ore di volo, o di un incidente in automobile, ma questi dati non aiutano a capire l'evento specifico.

Per ogni rischio esistono anche condizioni che possono favorirlo o renderlo meno frequente. E tra queste ce n'è sempre qualcuna che non dipende dal singolo, ma dalla possibilità che egli sia vittima di errori d'altri o di situazioni non controllabili: in aereo molto più che alla guida dell'auto.

È proprio questa complessità, questa multifattorialità che porta alcuni a non prendere nemmeno in considerazione il rischio, a non preoccuparsene, come se si trattasse di una sorta di destino, di una fatalità.

Un atteggiamento che riporta agli Dei capricciosi della Grecia antica, causa, con le loro decisioni prese per gioco o in virtù di logiche lontanissime dall'umano, di ogni evento che accade sulla terra.

Chi ha una simile visione delle cose si sente libero di fare tutto ciò che ha voglia di fare, e così il concetto di rischio scompare. Per alcuni questa rimozione facilita la vita, perché rende superflui i calcoli che di continuo bisognerebbe fare di fronte alla possibilità di crepare. La vita, per costoro, è una lunga sfida alla roulette e la migliore maniera per affrontarla è puntare senza logica alcuna, affidandosi alla sensazione immediata, al momento propizio. Tutto è possibile in ogni momento, il destino è un assurdo imponderabile.

Se fosse così, le mie considerazioni potrebbero chiudersi qui. Molti adolescenti la pensano proprio in questo modo e possono lasciarsi sedurre dal potere di fascinazione del rischio. Così, più è alta la probabilità di giocarsi la vita con un'azione, più sono spinti a compierla, questa azione, per vedere come andrà a finire. Insomma, il rischio può diventare per questi ragazzi il criterio di scelta e non di evitamento: tanto più è alto, tanto più attrae e dunque ci si sottopone.

Si dice spesso che rischiare sia quasi naturale nei giovani, una sorta di «diritto», mentre i vecchi dovrebbero cercare di evitare ogni rischio imponendosi la prudenza e muoversi sempre con particolarissima attenzione.

Anche questo è un mito da sfatare. Sarebbe meglio dire che con le età cambiano i tipi di rischi, e che se nei giovani prevalgono quelli del corpo e della vita fisica, nelle età più avanzate si rischia di perdere la fama raggiunta, di intaccare l'immagine che la società ha recepito di noi.

Ma ritorniamo ai «padri e figli» e alla diversa percezione del rischio. Che non si spiega sulla base della logica razionale, valida per tutti, ma deve essere ricondotta a una serie di fattori psicologici, di esperienze precedenti, alla voglia di protagonismo e al ruolo specifico che si esercita in quel momento.

Se i padri pensano di avere la possibilità di impedire uno dei comportamenti a rischio dei figli o di condizionarlo, non solo lo fanno, ma pensano in caso contrario di mancare a un dovere.

È successo certamente anche a te: se conosci qualcuno che rischia la vita, sei portato a fare qualcosa per non essere il testimone passivo di una disgrazia.

Se camminando per strada vedi un bambino che cerca di attraversarla mentre il traffico è intenso, ti precipiti a fermarlo e non ti chiedi nemmeno se sia compito tuo, se si debba rispettare la sua libertà. La stessa cosa faresti se si trattasse di un vecchio.

Forse non ti muoveresti se chi sta per compiere quel gesto pericoloso fosse un adolescente, uno della tua età. Potresti giustificarti col fatto di non conoscerlo di persona: avrà i suoi «buoni» motivi che, comunque, non ti riguardano. In ogni caso, a prescindere dal tuo modo di intervenire, è molto probabile che tu faccia qualcosa per evitare che uno si faccia del male, soprattutto se pensi che non sia in grado di valutare la situazione e quindi il rischio che sta correndo.

Ebbene, i padri pensano che le azioni degli adolescenti siano in gran parte inconsapevoli, che essi non si rendano conto dei pericoli che corrono e che una tale incoscienza sia difficile da scardinare attraverso sistemi di persuasione. Pertanto, certi comportamenti vanno impediti e basta, senza guardare per il sottile le maniere utilizzate.

Ecco molti dei no, ecco le tante negazioni, i divieti dei padri.

Bisogna riconoscere che c'è modo e modo. Secondo me, i padri devono valutare i rischi che corrono i loro figli, devono talvolta anche adottare il divieto, che è uno strumento educativo a breve termine, ma bisogna evitare le interpretazioni esagerate ed estreme del pericolo, che giungono a «far stare in pensiero» un padre e una madre dalla mattina alla sera e a far loro trovare un po' di pace solo quando il figlio è chiuso nella propria stanza. Questa misura di sicurezza funzionerà fino a che non si renderanno conto che in una stanza si possono compiere gesti pericolosi e correre rischi elevati, come assumere droghe oppure spedire virus nei computer del prossimo o offendere per telefono il vicino, che finirà per fare una denuncia per diffamazione.

La percezione del rischio si lega, poi, alla paura. Anzi, il rischio è un allarme utile solo se si accompagna alla paura, che è una reazione difensiva, un meccanismo che ci aiuta, appunto, a difenderci dal correre rischi di morte o di limitazione della nostra funzionalità fisica e mentale.

Se una persona non sente la paura, e dunque ha questo meccanismo fuori regime, alla percezione del rischio non avvertirà una partecipazione emotiva, ma solo una vaga consapevolezza di qualcosa che non lo riguarda o non in maniera coinvolgente. Lo stesso risultato si avrà se il meccanismo della paura funziona perfettamente ma il soggetto non riesce a percepire il rischio: in questo caso il meccanismo non si attiverà.

Se, al contrario, un padre o una madre vedono rischi dappertutto per il proprio figlio, si troveranno in uno stato di panico continuo e vivranno come se il figlio stesse per morire, quindi in una condizione di lutto, tremenda.

Anche per questo bisogna che di fronte a tua madre che vede il pericolo incombere sulla tua testa come una spada che sta per trafiggerti – e a te sembra un'esagerazione teatrale – ti ricordi che in realtà sta malissimo, poiché sta vivendo lo stato d'animo che accompagna la tua perdita.

Possiamo distinguere due tipi di paura. Una è quella immediata, che scatta davanti a un pericolo concreto, come quello di una preda di fronte a un predatore: quando se lo trova davanti deve reagire e la paura diventa il motore della difesa, della fuga o dell'aggressione al nemico, anche se di dimensioni disperanti.

C'è poi una paura anticipata, che scatta non in presenza del pericolo, ma quando semplicemente lo si immagina. L'immaginazione porta a vivere situazioni come fossero reali, mentre sono solo pensate.

Le madri e i padri sono presi spesso da questa paura anticipatoria che li induce a rappresentarsi mentalmente la morte del figlio esattamente come stesse per accadere, mentre loro sono lì a letto ad aspettare che lui torni.

Di fronte alla paura bisogna reagire, è meglio fare qualcosa per avere la sensazione di impedire la disgrazia, anche quando è semplicemente illusorio.

Tuo padre e tua madre invece sono a casa e non possono fare nulla o magari si comportano in modo assurdo chiamandoti mille volte sul cellulare che tu hai spento proprio per evitare di sentirli. Oppure chiamando mille persone che pensano siano con te e poi la direzione di qualche discoteca e quindi la polizia stradale e poi i pronto soccorso degli ospedali e poi… Finalmente entri tutto giulivo, magari con l'allegria di qualche birra di troppo, e loro non solo non sono in grado di capire la tua ilarità, ma ti aggrediscono carichi di tensione. E sovente arrivano a un movimento di mani che sarebbe stato meglio tenere ferme nelle tasche che i pantaloni dei pigiami e le camicie da notte purtroppo non hanno.

Credo sia utile tu sappia che le madri o i padri terrorizzati dai pericoli che corrono i figli manifestano prima di tutto problemi di insicurezza, personale o di ruolo, e quindi vanno «curati». Esattamente come i figli che non vedono mai il pericolo, come indossassero lenti scure, e sono da riportare dentro il mondo. Per loro si potrebbe trattare di una fuga dal concreto per pensarsi in una realtà virtuale del tutto speciale in cui non ci sono rischi di sorta. Un tale angelismo è del tutto inopportuno in un mondo in cui le insidie esistono e sono piuttosto gravi. Questi ragazzi vanno «curati», analizzando bene la loro rappresentazione del mondo, per accertarsi che non manchi di quella concretezza al cui interno soltanto si contemplano i pericoli reali.

Da un lato i padri con la paura di tutto fino alla paura della paura, e dall'altro gli adolescenti con l'atteggiamento spavaldo del «tutto è possibile a me».

Alla base di questi casi limite sta il problema della fiducia.

Se una madre non ha fiducia nel proprio figlio, starà sempre in pena se non ce l'ha sotto diretto controllo, perché è convinta, anche se magari solo inconsapevolmente, che con lei sia un ragazzo fantastico e senza di lei uno che si schianta girato l'angolo. È una madre legata simbioticamente, «anima e corpo», al figlio: senza di lei, il diluvio.

Naturalmente, ecco il «c'è modo e modo». Nemmeno la madre che non pensa mai al proprio figlio dovunque sia e qualunque cosa faccia, va bene. Dimostra, all'opposto, di non avere alcun legame forte col figlio, o perché è una madre robot, affettivamente gelida, o perché è convinta che il figlio, suo figlio, se la cavi sempre, mentre magari lei «inciampa» dovunque e dunque è persino meglio che lui si arrangi da solo. Così inventa un'indipendenza totale che in realtà è un abbandono di fatto.

Ti ho condotto in un gran labirinto e ti apparirà senza via di uscita. Un labirinto che è all'origine di molti dei conflitti quotidiani tra padri e figli, che generano discussioni, bugie, interferenze disastrose.

La percezione del rischio, come vedi, è una chiave di lettura di gran parte della dinamica del rapporto tra i ragazzi e gli adulti, e rappresenta talora un tale ingombro da non lasciare spazio a interrelazioni più utili e produttive. Bloccate appunto dal sospetto, dalla sfiducia, dalle accuse di non aver fatto mentre ci si era impegnati a fare e dalle bugie che vengono considerate, bene che vada, una tecnica di sopravvivenza o una maniera per «prendere in giro» i propri padri, mancando loro di rispetto. E tutto questo finisce per dare l'avvio a una strategia dell'opposizione, fino alla guerra e alle vite parallele. Una vita fuori, con il gruppo dei coetanei e un'altra vita, totalmente diversa, dentro casa.

La tattica del dire poco o niente. A domanda, si fa valere la facoltà di non rispondere o, alla meglio, si risponde con la bugia più credibile.

Una situazione del genere accresce l'insicurezza dei padri e delle madri, che reagiranno a loro volta aumentando i controlli, ottenendo come effetto quello di incrementare nei figli la ribellione fino a spingerli a comportamenti vietati, non per il gusto personale di compierli, ma perché sono azioni di disturbo e di guerra, risposte ai controlli asfissianti. Quello che si chiama un circolo vizioso.

Proprio la divergenza nella percezione del rischio è alla base dell'«essere contro» dei figli ai padri, in modo particolare nell'adolescenza.

Siamo entrati nel conflitto, un tema di cui ti devo parlare perché sono sicuro che ti riguarda. Il conflitto comporta che due parti abbiano bisogni differenti e che una viva l'atteggiamento dell'altra come sopruso, come potere che non accetta e a cui occorre reagire.

Sono tre i modi di «essere contro» ed è importante che tu li conosca per identificarti in uno di essi, e comunque per comprendere meglio alcuni tuoi comportamenti.

Certo, potresti anche essere completamente fuori dal conflitto, ma in questo caso non pensare di rendermi particolarmente contento, poiché il conflitto, anche se è lotta, è utilissimo per crescere.

Penso che se durante l'adolescenza non esiste contrasto tra padri e figli, ciò significhi che non si sta crescendo e che quindi si rimane in un'età della fanciullezza che non pone grandi problemi nel quotidiano, ma espone al rischio di un infantilismo strutturale o prolungato. Insomma, non ho simpatia per i legami idilliaci tra adulti e adolescenti, all'insegna del «nessun problema», anche se bisogna sempre cercare di evitare che il conflitto divenga distruttivo e impedisca quella relazione affettiva indispensabile alla crescita.

Dunque esiste un contrasto positivo, e l'analisi delle tre modalità di «essere contro» ti offrirà qualche indicazione per inquadrarlo meglio.

La prima è data dalla trasgressione. La trasgressione è una deviazione dalla norma, transitoria.

Herbert Marcuse, un sociologo molto noto negli anni Sessanta del Novecento, sosteneva che la trasgressione è una tecnica di cui il potere si serve per imporsi, e quindi non solo è permessa, ma promossa dall'autorità.

Il carnevale di Venezia, introdotto dalla Serenissima Repubblica, permetteva per alcuni giorni all'anno ai veneziani di indossare una maschera, rendendosi dunque irriconoscibili, e di fare tutto quanto volevano: si poteva persino offendere il doge e non negarsi nulla di quanto di norma era proibito. Finito il carnevale, si doveva però tornare a seguire le norme, e lo si faceva caricati dalla suggestione di essere liberi.

Insomma, la trasgressione è una tattica della sottomissione. È l'illusione di sentirsi liberi senza esserlo. Rompere un cassonetto per le immondizie, andare con il motorino contromano, disturbare facendo baccano di notte, aggredire una ragazza che si sia mostrata poco cortese, scarabocchiare il registro dell'insegnante di matematica: in altre parole, mancare di rispetto all'altro con soprusi o piccole violenze e poi «scappare» sentendosi furbi è ciò che caratterizza il trasgressivo e quei comportamenti che le madri fanno rientrare tra le «marachelle» dei figli, che raccontano poi alle amiche.

Ti confesso che non ho simpatia per i trasgressivi.

La seconda modalità è l'opposizione. Un atteggiamento per cui a una richiesta dei padri si risponde facendo esattamente il contrario, e questo indipendentemente dalla natura della richiesta e dal fatto che la risposta «contro» sia più conforme ai nostri bisogni. Se non ci fosse la richiesta, il comportamento non si sarebbe mai manifestato.

L'opposizione non si discosta dalla dipendenza, cioè dal dire sempre di sì a ogni ordine. Rispetto all'obbedienza passiva, l'opposizione è solo antitetica. «Mi ha detto di non fumare, io non l'avrei fatto, ma poiché lo ha domandato io rispondo facendolo.»

Sono moltissimi i casi di opposizione passiva e non ne ho né simpatia, né antipatia. Li leggo come il segno di una carenza di personalità, un problema che merita aiuto, che ha bisogno di «cure».

La terza forma di «essere contro» è la rivolta. Ne ha parlato in maniera straordinaria Albert Camus nell'*Uomo in rivolta* e nella *Peste*.

La rivolta è la capacità di dire di no ma soltanto dopo aver valutato la richiesta, aver constatato che non è compatibile con le proprie convinzioni, con i principi in cui si crede. Non si può quindi che disobbedire, per non sentirsi mercanti delle proprie convinzioni e non perdere la dignità di uomini.

È quasi superfluo che te lo espliciti, io ho grande simpatia per l'uomo in rivolta, ma anche per la rivolta dell'adolescente, poiché in questa forma di disobbedienza si pone anche la possibilità che una generazione vinca le resistenze e gli errori delle precedenti.

Insomma, la rivolta è la forza di una società, è la forza della sua parte giovane, attraverso cui evolve verso nuove modalità di organizzazione e di giustizia. E in questo senso, ma pesa bene le parole attribuendovi il significato che ho esplicitato, faccio l'elogio della disobbedienza e perfino della rivolta.

Io non so in quale di queste tre forme ti riconosci. Certo sarebbe bene che le discutessi, anche con tuo padre e con tua madre, per mettere a fuoco le dinamiche del tuo conflitto con loro.

Nel tema della rivolta rientrano anche la giustizia sociale, la percezione della dignità di ciascuno. Ci sono adolescenti che non tollerano l'ingiustizia e che rifiutano i segni del benessere che li posizionerebbero in uno stato di privilegio da essi vissuto come ingiusto.

È chiaro che una simile percezione è antitetica a quella di un padre che, partito da una posizione di subordinazione sociale, è riuscito grazie al suo lavoro a cambiare questo destino. Egli considererà il privilegio un segno distintivo non solo da esibire ma su cui fondare la propria dignità.

Ecco uno scarto possibile tra la generazione dei padri che hanno conquistato una posizione da cui la povertà li escludeva, e quella dei figli che giudicano indegno il loro stato di benessere e criticano aspramente coetanei che sfoggiano la ricchezza come un distintivo di superiorità e una licenza per azioni ad altri impedite. La legge del privilegio e del portafoglio.

Sempre in tema di conflitto tra padri e figli, voglio riportare in sintesi una recente scoperta che, se vorrai, potrai far conoscere a tuo padre e a tua madre.

È stato dimostrato che l'intensità dell'essere contro degli adolescenti nei confronti dei padri dipende anche dal tipo di relazione che avevano con loro nella fanciullezza.

Come sai, i bambini pongono nelle figure familiari stabili la loro sicurezza. Sperimentano legami particolarmente gratificanti e in essi trovano serenità. Sono fieri del proprio padre e della propria madre, e amano il luogo in cui la famiglia vive. Una luna di miele, una visione rosea del proprio nido e di chi ne garantisce la solidità.

Questo rapporto idilliaco si rompe con la pubertà e ciò è funzionale alla crescita, che prevede il distacco dalla famiglia e l'ingresso in una comunità più larga, dove si acquisirà un'identità sociale. Il teatro non può più essere la famiglia d'origine, cui devono subentrare il gruppo dei pari e la società.

Per questo occorre distaccarsi dalle figure parentali.

Ebbene, quanto migliore è stato il rapporto con loro nell'infanzia, tanto maggiore sarà la fatica del distacco e quindi l'intensità del conflitto, che diventa il detonatore per rompere il legame infantile.

Invece che rispondere in maniera violenta, i padri e le madri dovrebbero sapere che la conflittualità dell'adolescente è il segnale che il rapporto instaurato con lui nella prima fase della crescita è stato ottimo e che dunque adesso il loro figlio deve fare uno sforzo maggiore per separarsi. Se non lo fa, rischia di rimanere infantile. Si può continuare a mantenere con i genitori una relazione serena, di obbedienza e ammirazione, ma il prezzo è il blocco della crescita, e la crescita richiede di uscire dall'ambito familiare.

Prova a pensare, in quest'ottica, all'assurdo di quelle madri che cercano di convincere gli altri, ma soprattutto se stesse, quando affermano che non possono accettare la provocazione del figlio adolescente e che quindi a quei «capricci» devono reagire, malgrado tutto, con decisione e con metodi forti, con qualche sberla, per dirla in maniera semplice.

Ignorano quanto ti ho appena detto, ed ecco ancora l'occasione per sottolineare l'importanza della comprensione rispetto all'imposizione all'adolescente di un manuale di belle e buone maniere.

Meglio scoprire di quale tipo di relazione quell'adolescente necessita per crescere, e sapere che il conflitto deve esserci e che addirittura è tarato sulla bontà e la solidità del rapporto instaurato nell'infanzia e non sul suo fallimento.

Per seguire l'adolescenza nella sua metamorfosi, lo ripeto, occorre assolutamente che cambino anche i padri e le madri, che muti la loro percezione dei bisogni dei figli. Cambiare per aiutare il cambiamento: non si dica che i genitori non devono cambiare mai! Devono vivere una metamorfosi di riflesso.

Sono partito dal rischio, dalla percezione di un pericolo che si accompagna alla paura, capace di anticipare il suo possibile farsi disgrazia. Ho cercato di sostenere che su questa percezione si fonda il dissidio tra generazioni e che il comportamento e la comunicazione finiscono per diventare un cerimoniale di liberazione dalla paura e dal lutto per fatti accaduti nell'immaginazione. Il rapporto, a causa di questo conflitto e delle risposte che attiva, finisce per creare un clima di polizia, tra chi controlla e deve controllare e chi infrange e cerca di dimostrare che non ha fatto nulla di male. E per questo l'indagato mente o si trincera in un mutismo difensivo: la scrollata di spalle, la «rottura di scatole», fino alla chiusura della porta per cancellare madre e padre ridotti all'immagine di una cornacchia e di un corvo.

Ho parlato di paure, di rischi, di danni ipotetici e percentualmente valutabili, di casi estremi, di madri che temono tutto e di padri catastrofici che ti immaginano di continuo in una bara.

Ho rievocato madri convinte che tra le tre e le quattro di notte possano succedere cose turpi, mentre nelle altre ore del giorno no e allora dalle tre si fanno prendere da una disperazione inconsolabile e vivono il ritorno a casa del figlio come un autentico miracolo, di cui non si deve approfittare, e ciò significa che domani notte cade il morto.

Ora devo ricordarti, però, che talora le disgrazie avvengono e, anzi, che il pericolo si radica sulla sua relazione con la disgrazia. Ricordarti che gli eventi drammatici si verificano davvero e che gli adolescenti «rotti» esistono, e si rompono ogni giorno.

Sento di dover parlare anche di loro, senza che questa mia lettera si trasformi nella cronaca di una tragedia o in un bollettino di guerra.

Inoltre voglio evitare di dare una visione catastrofica del mondo giovanile. Non ritengo affatto che l'adolescenza sia falcidiata in modo speciale dalle disgrazie, tanto meno in questo periodo storico. Mi basterebbe rievocare la tragedia delle due guerre mondiali, che hanno mandato a morte adolescenti per l'idiozia del «posto al sole» o della gloria di Nazione alleata con il grande dittatore tedesco. Allora gli adolescenti morivano di guerra e venivano ricompensati con una tomba al milite ignoto.

Io voglio soltanto che tu dedichi un momento alla memoria di quel tuo amico: era del tuo stesso gruppo e quel giorno è caduto in motorino, non portava il casco. È morto dopo dieci giorni di degenza in rianimazione. Sembrava un alieno, intubato dappertutto, e tu lo hai visto attraverso una parete di vetro e non aveva più nulla della voglia di vivere, anche se in motorino sfoggiava una abilità incredibile, sembrava un folle. Considerava il casco una mania degli adulti, anzi, una maniera per incatenare i ragazzi. Una specie di elmetto che ancora volevano imporre ai giovani per quella antica passione di mandarli in guerra a combattere il nemico.

Voglio che dedichi un minuto alla memoria di quell'altro tuo amico: aveva quindici anni ed è morto di droga. Era partito a dodici con la cannabis e tirava come un forsennato. Non una canna ogni tanto, come facevano in molti. No, lui era un vero campione di canne, per lui tutto il mondo era diventato una canna e trovarsi in gruppo significava andare con quelli che la roba ce l'avevano sempre ed erano generosi. Offrivano sapendo cosa vuol dire non averne e desiderare di farsela. Aveva tirato qualche striscia di cocaina, poi, per esser campione tra campioni, doveva andare sempre oltre, senza paura, anche perché ormai la vita si era ridotta a quelle sostanze. Tutto il resto non c'era: basta scuola, basta famiglia, basta anche amici che non fossero quelli del gruppo della morte. Aveva provato a farsi «roba» in vena quando aveva constatato che gli altri se la facevano addosso al solo pensiero e un giorno è rimasto immobile per sempre, a guardare quella siringa piantata in un braccio. Un errore di dose. La fine di un eroe del nulla, un eroe della roba, della merce venduta non da adolescenti, ma da maiali adulti, disposti anche a far crepare i giovani se questo produce denaro e ricchezza.

Adolescenti che pensano di «essere contro» seguendo le vie delle mafie che si nutrono di morte, o seguendo chi vende roba per poter vivere da clandestino in una nazione in cui campa ammazzando.

Voglio solo che tu ricordi questi tuoi compagni e senta quella pietà che io provo. Perché penso che questi giovani potrebbero ancora essere tra noi e che la società abbia perduto due adolescenti non solo simpatici, come tu potrai attestare avendoli conosciuti, ma anche utili a tutti. Perché questa società non può fare nulla senza i giovani e tutti i giovani hanno diritto di vivere e di esserne parte.

Vorrei che ricordassi anche Mario, non lo conoscevi direttamente. Era un giovane che trascorreva le serate con il suo gruppo e durante il giorno lavorava ed era molto stimato. Una sera, tutti insieme, decidono di andare su un cavalcavia della vicina autostrada, prendere dei sassi e poi buttarli giù cercando di colpire le macchine. Un'impresa non facile, poiché al buio un'auto si riduce a due fari. E in quel punto va a velocità sostenuta. I sassi, poi, sono pesanti e la rete di protezione impone di imprimere loro una traiettoria particolare, lanciandoli prima in alto perché poi precipitino centrando l'obiettivo. Un gioco e nient'altro. Quella sera Mario ha un successo enorme. Una mira da campione, un risultato da ricordare. Mario ha ammazzato una giovane donna che viaggiava insieme al fidanzato, e ora è in galera e ci starà per diciassette anni.

Pensiamo insieme, per un attimo soltanto, a quella donna e a lui, un adolescente da galera. Pensaci bene, uno come te in galera per tanti anni.

Non hai conosciuto nemmeno Carlo, ma ne hai forse sentito parlare. Era un ragazzo intelligentissimo, aveva una compagna di classe, sedicenne come lui, e ne era innamorato. La voleva dominare, voleva mostrare la sua superiorità, non accettava che si distraesse con altri e per questo strano bisogno di proprietà litigava sovente, rompevano ma poi sempre si rimettevano insieme. Una mattina, a scuola, l'ascolta mentre racconta a un'amica di essere stata in discoteca e di aver provato piacere nel ballare con alcuni della classe accanto. Lui perde la pazienza, sente una rabbia tremenda, prende un coltellino che la compagna di banco tiene nell'astuccio. Va in bagno, lo usa su di sé e si sfregia un braccio come a darsi coraggio, poi, durante l'intervallo, colpisce al collo la ragazza, che muore. Una storia di adolescenti. Lui non percepiva il pericolo della violenza che aveva mascherato dietro un comportamento eroico, e ora lei non vive più, se non nella memoria. Carlo ora deve scontare una pena, che certo avrà un termine, ma resterà in lui la colpa di aver decretato la morte di una ragazza a cui voleva bene e che desiderava essere amata, come tutti gli adolescenti di un tempo passato e presente.

Storie che meriterebbero maggiore riflessione, almeno per il dolore che le accomuna.

Storie tutte centrate su giovani protagonisti che non hanno valutato il rischio, gli effetti che col loro comportamento potevano sortire. Esempi di quell'empirismo che non si fonda mai sulla valutazione preventiva, su un sapere che deriva dalla storia degli altri, dall'analisi di cronache che dovrebbero far pensare e non essere spettacolarizzate.

Ecco cosa significa tenere conto del rischio preventivamente, e non limitarsi a constatarlo quando si prende atto delle conseguenze, quando si è trasformato in tragedia.

Ma voglio spiegartelo ancora meglio e sempre facendo riferimento a casi estremi, che non sono qualche cosa di assurdo, lontano da te, ma semplicemente esprimono una febbre molto alta, che aiuta a comprendere anche le febbricole diffuse nel tuo mondo. Febbricole che anche un semplice «raffreddore» può facilmente innalzare.

Tra la normalità e la follia (o ciò che appare follia) c'è un ponte che a ciascuno di noi potrebbe capitare di varcare, poiché non esistono immunità o barriere di sicura protezione.

Pietro Maso è un paradigma dell'assenza di percezione del rischio. Ha bisogno di denaro. Desidera comperarsi un'automobile, una Bmw speciale che allora, nel 1991, costa cinquantadue milioni di lire. Ha diciannove anni. Si è messo a fare calcoli sulla sua eredità e scopre che il patrimonio di famiglia ammonta a un miliardo e quattrocento milioni di lire. Averlo subito gli permetterebbe di soddisfare quello e altri desideri. Studia un piano teso ad accelerare il suo diritto di successione e assieme a tre altri amici, più giovani di lui, ammazza i genitori. Finita la carneficina, che dura cinquanta minuti – tanto impiegano a morire il padre e la madre, segno che proprio volevano stare a questo mondo, – vanno in discoteca pensando al «casino» del mattino successivo, quando verranno scoperti i cadaveri e nessuno penserà a loro come responsabili del fatto.

Né lui, né i suoi complici avevano la percezione della galera, dell'eventualità di essere condannati per omicidio: tutto era considerato di estrema facilità, di una semplicità ingenua. Pietro Maso pensava a come rilasciare le interviste alla televisione. Del resto il suo idolo, Don Johnson, il protagonista di *Miami Vice* che viaggiava su quell'auto del desiderio, era imbattibile.

Ora sono tutti e quattro in carcere, e lui con l'accusa più infamante, l'omicidio dei genitori per motivi futili e addirittura indegni. Mandano messaggi di ravvedimento, pensano a come dare un senso a vite mancate, a esistenze rotte. Mentre quelle dei signori Maso sono chiuse dentro una bara, e il destino avrebbe loro dato ancora del tempo per vivere e occuparsi di quel figlio.

Lo so, sei convinto che questa storia parli di idioti e anzi saresti stato più severo nell'infliggere loro la pena, avresti dato certamente l'ergastolo a Pietro, invece di ventisette anni di carcere.

Credimi, non si tratta di matti o di idioti ma semplicemente di vite condotte con una superficialità tale da non ammettere nemmeno la previsione delle conseguenze di azioni così estreme. E con una modalità strana di percepire la morte. Ma su questo aspetto ritornerò più avanti.

Sono colpito dall'assurdità del male e dalla sua

banalità, ma ti prego di credermi che la quantità di male, la sua gravità, dal fare uno sgambetto all'ammazzare, è il risultato di un unico processo mentale. La gravità, le conseguenze sociali sono emergenze in gran parte casuali.

Ho conosciuto una ragazza che per procurarsi la droga ogni tanto chiedeva del denaro per qualche capo di abbigliamento che nessuna madre o padre possono negare, anche perché ci tengono, e in genere molto, ad avere figli all'altezza degli altri e, se provengono da una famiglia con buone possibilità economiche, a far sì che superino tutti in eleganza. Ebbene, lei prendeva il denaro, comperava la droga e poi, d'accordo con un'amica, si faceva prestare da lei l'indumento che aveva chiesto di comperare e lo mostrava ai genitori specificandone il costo e sottoponendolo al loro giudizio. Quindi lo indossava per un po' e lo restituiva all'amica. Ricorrendo ripetutamente a questa tecnica, otteneva abbastanza da investire in droga, facendo credere di aver speso la somma entro i rivoli del consumismo, verso il quale le famiglie sono ben disposte.

Un'orchestrazione ingenua, un giochetto certo di entità diversa dall'ammazzare alla Pietro Maso, ma entrambi questi atteggiamenti dipendono dall'identico modo di ragionare, di gestire i rapporti di famiglia: con la furbizia, la mancanza di rispetto e col gusto di prendere in giro i padri, di ridicolizzarli nella loro presunzione di essere controllori infallibili.

Ma non voglio soffermarmi solo sui comportamenti che minano la propria incolumità o quella altrui, fino alla morte. Voglio accennare anche alla mancata percezione del rischio di generare un figlio.

Considero questa un'esperienza straordinaria sia per l'uomo sia per la donna, ma occorre tenere presenti anche i bisogni di chi nasce e la possibilità di darvi o meno una risposta adeguata. Insomma, generare non è solo l'effetto di una ginnastica piacevole, ma implica anche una presa di consapevolezza di cosa significhino la gravidanza e la maternità.

Angela ha quattordici anni, scopre di essere incinta ed è spaventata. Non vuole dirlo a casa, a quella disgrazia si aggiungerebbe un'altra disgrazia. Il compagno di scuola con cui ha avuto la relazione ora è un perfetto estraneo, al punto che non intende nemmeno farlo partecipe della cosa.

Vive drammaticamente e in solitudine un'esperienza che in condizioni diverse sarebbe straordinaria, ma ora assume i colori dell'inferno. Con la prospettiva di un aborto clandestino o effettuato in un ospedale dove è possibile liberarsi da un concepimento sgradito, ma è impossibile tenerlo nascosto.

Già questo vissuto, questa condizione in sé rappresenta un trauma che lascerà un segno.

Angela partorisce da sola, il bambino muore, la disperazione si fa perenne in questa madre che in quel momento è soltanto un'adolescente che ha bisogno di una madre e di un padre. Un bambino morto prima di nascere, concepito nel dramma invece che nella gioia.

Mi voglio riferire anche al rischio di scelte affrettate, di tutte le piccole e grandi decisioni prese sulla base di stimoli immediati. Certo lo scenario è meno drammatico, ma non privo di effetti che possono cambiare una vita.

Frequentare la stessa scuola di un compagno simpatico senza chiedersi se quell'indirizzo corrisponda alle proprie doti. La scelta di un'attività sportiva sullo stimolo del momento, senza valutare le alternative e dunque l'utilità di un impegno che deve essere consapevole e adeguato e che non è sempre quello che appare in prima battuta.

Tu conosci bene l'insensibilità al rischio della velocità, a un correre a zigzag su strade impazzite per fare prima o semplicemente per esibire un'abilità che il proprio amico non ha o non ha più dopo quella prova da primato che gli ha conquistato una tetraplegia e una carrozzina che ora lo tiene bambino per sempre.

Conosco molte storie di adolescenti in carrozzella che riportano a comportamenti privi di senso, come se a metterli in atto fossero stati bambini che nemmeno sanno cosa significhi andare a sbattere contro un oggetto duro o finire sotto la ruota di un'auto.

Vorrei raccontarti della incredibile inconsapevolezza del rischio indotta dal bere, da quell'ingurgitare alcol per una esibizione insensata, senza valutare cosa significhi e senza sapere che dopo i primi bicchieri la percezione del pericolo diminuisce o addirittura sparisce. Tutti sappiamo che l'ubriaco afferma di non aver bevuto e comunque è convinto di comportarsi perfettamente. E magari guida senza nemmeno vedere i semafori oppure ignorando completamente che cosa sia una retta.

Come vedi, i rischi esistono davvero e il percepirli è fondamentale, non è solo un'ossessione che può occupare la mente di una madre o di un padre.

E questa realtà va affrontata riconoscendo che certi rischi sono parte della vita, anche della tua, ma che comunque è possibile prevenirli, con un po' di attenzione. Tenerlo presente significa impedire molte storie come quelle su cui ci siamo soffermati.

Il tema del rischio da cui ho preso le mosse mi ha condotto, come vedi, al capitolo del dolore.

E qui non mi servono tanto le parole quanto il poterlo evocare dentro di te. Ognuno di noi conosce il dolore, anche se talora si presenta con maschere che appaiono lontane dalla sofferenza.

Persino la violenza è un'espressione, certo inadeguata, della sofferenza: se vuoi capire la violenza devi sapere cos'è la paura e cosa il dolore. Il dolore dentro di me, il dolore che si nasconde dentro di te e che colpisce all'improvviso oscurando persino la speranza.

Non mi riferisco al dolore fisico, ma a quel dolore

che si lega all'esistenza, alla fatica di vivere. Un male che va oltre la fisicità e si riferisce all'Io, all'unità della nostra persona, e che può far soffrire talmente tanto da soffocare in noi il desiderio di vivere. Allora il dolore assume il volto della morte e si vuole che tutto termini, che sparisca anche quel senso di inadeguatezza che ci fa sentire dei mostri.

La depressione è una delle manifestazioni di questa forma di dolore e oggi sappiamo che colpisce anche l'adolescenza. E molte madri: la donna è la più esposta a questa patologia e così, nel silenzio di molte case, si nasconde una grande sofferenza.

Conosco adolescenti che hanno rotto con la famiglia e si sentono soli, abbandonati, rinunciano a una casa e magari scelgono la strada e si trovano immersi nel dolore, dentro i viottoli della sofferenza spavalda. Adolescenti che si fanno del male, facendo del male.

Conosco genitori affranti per il comportamento di una loro figlia: eppure vi hanno contribuito, pensando di agire per il «suo bene», e ora sono costretti a constatare il proprio fallimento, che è una delle maschere possibili e frequenti del dolore.

Carissimo, penso che tutto quanto ti ho detto finora possa tradursi nel dolore, dei padri e dei figli.

Quanto dolore nascosto dietro ostentazioni di sicurezza che tradiscono soltanto una grande debolezza, sia degli uni, i padri, sia degli altri, i figli.

Passando per una strada della periferia della mia

città ho visto seduta sui gradini di una chiesa, chiusa e abbandonata, una ragazza, avrà avuto diciassette anni. Era l'imbrunire, ormai, e mi sono avvicinato per chiederle se aveva bisogno di aiuto. Mi ha sorriso, ha negato e poi mi ha raccontato con le lacrime agli occhi di essere fuori di casa da tre giorni e di non sapere come passare la notte.

La notte era il momento più drammatico, la paura la prendeva più forte e si sentiva inane e con la voglia infantile di essere abbracciata e di chiudere gli occhi senza pensare, nella rassicurante certezza che altri stiano pensando a te.

Aveva progettato di stare con un ragazzo che poi si è dileguato alla prima difficoltà e il padre, duro, l'ha cacciata per l'onore della casa.

Non sapevo cosa dirle. Ho pianto insieme a lei. Potevo essere suo nonno e l'ho invitata a tornare a casa. L'ho accompagnata io stesso e quando ho visto il padre che l'abbracciava e la madre che finalmente poteva allentare una tensione che sapeva di disperazione, ho provato una gioia immensa.

Mi ha detto, quel padre, che non aveva più pace, che voleva cercare la figlia e nello stesso tempo pensava di non dover cedere, per non dimostrare una debolezza che si sarebbe dimostrata ancor più negativa.

Sono stato un po' con loro, finché hanno cominciato a parlare.

Ho sentito la voce del televisore spegnersi e, tra silenzi e qualche parola, è ricominciata la vita.

Quella ragazza era impaurita e tremava quando l'ho vista sui gradini. Adesso aveva ancora paura, ma la sua paura, assieme a quella del padre, mostrava un volto diverso, avrebbe potuto generare una nuova forza di vivere.

Forse è perché sono vecchio, ma credo che il dolore sia una pagina intensa della nostra esistenza e che domini lo scenario umano. E credo che dovremmo desiderare con maggiore forza la serenità, evitare di credere di essere circondati da persone che ci vogliono male, inclusi i nostri figli o i nostri padri. Quando un padre fa del male, sia pure inconsapevolmente, a una delle sue creature, con quello stesso gesto fa del male a se stesso.

Ma non voglio che questa lettera sia triste o troppo malinconica, vorrei che tu provassi qualche volta a esercitarti in questa traduzione del dolore e, sotto la superficie dei conflitti, delle baruffe quotidiane, cercassi di scorgere il dolore. Chiedendoti se non sia proprio lui il protagonista di quella ennesima storia di dissapore o addirittura di odio.

E impara anche a riconoscere il tuo dolore, sapendo che sovente nella sofferenza diventiamo cattivi, come se percepissimo in noi una debolezza e non la accettassimo, per paura del dolore stesso, perché incute un senso di inabilità, di inadeguatezza di fronte a un mondo che sembra invece spavaldo e pieno di energia. Talvolta la cattiveria altro non è che una farsa della paura recitata con i burattini della Tavola rotonda o con i pupi siciliani. Vestiti sempre con corazza e spada sguainata, e pieni di paura.

Io lo so che tu e tutti gli adolescenti attraversate momenti talora interminabili di paura, di senso di inadeguatezza, e vi sentite non capiti. Io so cosa significa la depressione di un ragazzo che vorrebbe essere un eroe perché crede che quella sia l'unica maniera per vivere la sua età.

La depressione che ti fa sentire persino in colpa di essere al mondo, abbandonato, solo dentro una città affollata dove nessuno ti vede, come fossi trasparente. Come se quel fracasso e quel mondo potessero continuare senza di te, come se tu non ci fossi, fossi un morto che cammina.

Lo so cosa provi vedendoti il seno esageratamente grosso. Lo so che ti vergogni e non sai dove metterlo e come nasconderlo e allora nascondi tutta te stessa e vuoi scomparire anche ai tuoi occhi e pensi solo a morire e a come morire.

Lo so che la principale causa di morte degli adolescenti è il suicido e che molti degli incidenti stradali, che rappresentano la seconda causa, sono suicidi mascherati: come se si andasse incontro alla morte ridendo e cercando di apparire imbattibili o immortali.

Per questo vorrei che di fronte ai conflitti, alle percezioni del rischio e alle paure vissute, tu pensassi al dolore, al dolore della violenza, al dolore che unisce padri e figli.

Al dolore e al bisogno di capire il dolore.

Non aver paura del tuo dolore, parlane e se anche si esprime con le lacrime, non temere, piangi, e fallo davanti a tuo padre e a tua madre, perché quelle lacrime esprimeranno ciò che tante parole non sono riuscite a comunicare.

Forse ti trovi in una situazione difficile che non avevi previsto e adesso non sai cosa fare e non pensi affatto di parlarne con loro, poiché credi che non ti capirebbero e magari aggraverebbero le cose. Sbagli, va' da loro e piangi, condividi il peso insopportabile del tuo segreto, quella storia che ti appartiene e di cui non conosci il finale ma che potrebbe interrompere la storia più importante, che è quella della tua vita. Una storia che pensi sia ormai consumata e invece è tutta da svolgere.

Vedi, molti mi considerano forte e sereno, come se non accettassero che aiutando gli altri io abbia bisogno di aiuto. Sapessero quante volte piango e mi dispero: lo sanno i miei figli, che talora mi consolano e mi abbracciano per darmi coraggio. E a volte sono io a stringere la loro debolezza e il loro dolore. Un abbraccio vale più di una teoria sul dolore e di un trattato di psicologia scritto da sapienti che spesso non sono padri e consigliano ai padri cosa fare.

Dopo averti richiamato il dolore e aver forse mosso quel dolore che è dentro di te, manifesto o nascosto nella tua memoria, ora voglio parlarti del perdono.

Credo che il perdono sia disumano e mi riferisco all'impossibilità di dimenticare chi ti ha fatto del male, soprattutto se si è trattato di qualche cosa di irreparabile. Penso a chi ha provocato la morte di una persona a te cara o le ha causato una limitazione che rimarrà per sempre, e dunque ha cambiato la vita di chi ti è indispensabile.

Tutto dentro di noi porta a concludere che di fronte a un nemico che ci fa del male la risposta naturale sia la lotta.

Ti devo confessare che l'aspetto che più mi colpisce del messaggio di Cristo, e sono convinto sia la parte più originale e straordinaria, è proprio il perdono, che non può essere negato neppure al nemico che ti ha fatto male per sempre. Mi colpisce proprio perché è un messaggio che capovolge la tendenza, la nostra propensione, in parte biologica e in parte legata alla cultura, a non subire e semmai a imporre schierandoci dalla parte del più forte.

Il messaggio cristiano è invece di perdersi, per trovare un senso altro all'esistenza. Un capovolgimento che non lascia possibilità di fraintendimento: se vuoi seguirmi, dice Cristo, perdona e non fare, come la stessa natura richiede, vendetta.

Ho grande rispetto per tutti i «credo» e penso siano importanti per affrontare la questione del senso della vita e anche di un'adolescenza faticosa e burrascosa, ma il mio compito è quello di interpretare i meccanismi che regolano la Città della terra e non spetta a me richiamare le regole per la Città del cielo.

Ci sono persone, e molte sono miei amici, che hanno scelto di dedicarsi a questa missione, di mettersi dalla parte di Cristo e diffondere il suo messaggio.

Io penso che non sia possibile perdonare e che sia umanamente ingiusto. Tanto più che, se portato all'estremo, questo principio potrebbe far ritenere che non si debba applicare la pena a nessuna colpa e che si debba soltanto perdonare. Non sarebbe giusto, e la giustizia rappresenta uno dei cardini fondamentali per vivere in questo mondo. La grazia elevata a sistema sarebbe qualcosa di paradossale e da combattere.

Detto questo con molta chiarezza, lasciami però coniugare due termini insieme, perdono e amore, e quindi tentare di rivedere la mia conclusione almeno in un caso del tutto speciale: il caso di un male fatto da chi ti vuol bene, da chi è talmente legato a te da sentire il danno che ti ha provocato come se, almeno in parte, lo avesse provocato a sé.

Un caso in cui è difficile distinguere il danno all'altro dal danno a se stessi.

Ti ho già richiamato la circostanza in cui i padri, compiendo degli errori, e anche gravi, nei confronti dei figli, fanno male a se stessi.

Voglio partire da un esempio, anche se potrà sembrarti lontano: il caso del geloso. Il geloso è una persona che, per paura di perdere l'oggetto del proprio amore e quindi il legame essenziale senza il quale gli pare impossibile continuare a vivere, lo colpisce e lo deturpa fino a distruggerlo.

Immaginiamo che lo spacchi fino a non farlo più esistere: in questo modo avrà provocato anche la propria morte, poiché senza quell'amore lui non sa assolutamente vivere e vivrà da morto.

Ricordalo: il geloso è un innamorato totale, uno che vede nella persona amata l'unico senso al proprio esistere.

Ecco dunque l'esempio di un male estremo fatto a chi si ama.

Ma al di là di questa situazione limite, le cui manifestazioni richiamano la follia d'amore e la perdita di ogni senso di realtà fino al delirio, nelle ordinarie relazioni d'amore è possibile spezzare l'imperativo dell'«occhio per occhio, dente per dente» e trovare nel perdono addirittura una modalità per fondare un legame nuovo.

Ho seguito storie d'amore in cui uno faceva del male all'altro per poi rappacificarsi in espressioni passionali: dalla rabbia distruttiva all'unione, anche dei corpi, che esprime il bisogno di un legame totale tra due persone.

E ho esperienza della «bellezza del perdono» tra padri e figli.

Sono stato testimone della gioia di un padre che perdona a un figlio e di un figlio che perdona al padre. Vederli di nuovo abbracciati è commovente. Lasciami usare una parola che sembra paradossale: è persino bello.

Ti fa toccare con mano quanto sia importante il perdono dentro l'amore.

Insomma il perdono, umanamente perfino ingiusto, diventa umanissimo quando si coniuga all'amore.

Vorrei che tu provassi, se ne avrai l'occasione, a perdonare la persona a cui vuoi bene e vorrei che provassi a farlo anche con tuo padre e con tua madre, qualora ti facessero soffrire.

È bellissimo dire «ti perdono», te lo assicuro.

Lo sai, si è dimostrato che noi tendiamo a fare il male soprattutto alle persone care, come se con loro ci sentissimo nella condizione, e forse persino in diritto, di essere capiti e perdonati. La casa, da nido di difesa può diventare uno spazio del male e della sofferenza indotta proprio per questo meccanismo: si allentano i freni inibitori e cala il senso del rispetto in virtù d'una pretesa di perdono per amore.

Se tuo padre e tua madre compiono azioni che tu vivi come ferite, indipendentemente dalle loro intenzioni, non dimenticare mai che ti vogliono bene, che vogliono il tuo bene e che hanno bisogno di te. La loro vita non può continuare senza di te, anche se fanno affermazioni di liberazione.

Si tratta comunque di amore, seppure burrascoso, e del resto l'amore è un succedersi di eventi straordinari, in un continuo che ammette stanchezza, dubbi e magari frustrazioni.

Ti posso dire, essendo sposato da trentasei anni, che un legame d'amore è come un pendolo che si allontana ma sai che poi ritorna e appare sempre nuovo. Come l'oceano: dopo la bassa marea, stai tranquillo che l'acqua riprenderà la sua portata e tutto, attorno, cambierà; quella battigia lasciata a nudo si riempirà ancora e il vuoto si farà pieno e dentro l'acqua ritorneranno i pesci e si rinnoverà il mistero della vita.

Credo di avere concluso, ora, il percorso iniziato con i conflitti tra padri e figli, che ha toccato la percezione del rischio e le paure anticipatorie che talora si fanno davvero cronaca e tragedia consumata. Una via che mi ha portato a richiamare il dolore e il perdono.

Dentro l'amore abbiamo voluto rileggere il perdono che invece, al di fuori, diventa incomprensibile e ingiusto.

Rimane ancora da parlare di una parte essenziale, che si lega questa volta alle caratteristiche dell'adolescenza. L'anatomia di questa particolare età, ciò che la caratterizza e da cui dipendono anche gli stili di vita che uno sceglie.

Il corpo

Vi ho già accennato, lo ricorderai, a proposito della metamorfosi, di cui l'aspetto più visibile riguarda proprio il corpo.

Il corpo è delimitato dalla cute, confine tra Io e mondo esterno. La cute rappresenta la parte visibile, la nostra immagine, ciò che gli altri vedono di noi. La più immediatamente messa in gioco nella relazione con il mondo esterno: il resto rimane nascosto e in qualche modo permette di essere meglio gestito. Pensa al sesso, quel particolare e intrigante pube che copriamo per pudore e vergogna, si diceva un tempo, anche se è a tal punto presente nelle nostre preoccupazioni da farcelo quasi percepire come esposto. Una parte da denudare, certo, ma segreta, e tu sai che il coprirsi ha arricchito di effetto la nudità, che così mantiene la capacità di meravigliare e rifugge dalla banalità.

Il pene o la vulva, ma anche i caratteri sessuali secondari, costituiscono un corredo del tutto speciale che in passato, sbagliando, si è nettamente separato dal resto del corpo, come fossero parti autonome.

Si tratta di un gioco di scatole cinesi che alla fine mantiene l'uomo come unità inscindibile. Il sesso è parte del corpo, il corpo è la struttura fisica della persona, che include anche la mente, da cui emerge uno stile di vita che va a coinvolgere anche le relazioni e quindi tutto ciò con cui il singolo si mette in rapporto.

Il sesso, dunque, è parte della persona, ed ecco che acquista un'anima e diventa impossibile ridurlo a un organo per esercizi specifici, una sorta di appendice staccata dal tutto.

Un individuo non ha un sesso, ma esprime una sessualità che è propria della sua persona; quello sessuale è un organo nella totalità di un uomo o una donna.

Non si tratta di un semplice gioco di parole ma di una premessa per farti capire fin da subito che non ha senso misurare il proprio pene, magari per verificare se rientra nella media riportata da qualche manuale o se è identico a quello del tuo migliore amico. È il suo uso a caratterizzarlo, uso che dipende dall'insieme della persona e non ultimo dall'altro, da colui con il quale lo si usa.

Lo stesso, ovviamente, vale per il sesso e la sessualità femminile.

Pene o vulva dentro il corpo e dentro la persona. Un insieme fatto di carne, certo, ma anche di mente, di sensibilità. Il pene o la vulva dentro l'amore, dentro lo stile di personalità. E allora la sessualità non rimanderà soltanto alle caratteristiche anatomiche, ma alla sensibilità d'animo, all'educazione, a un modo di comportarsi.

Più o meno, è come se tu volessi ridurre lo sguardo agli occhi. Uno sguardo perplesso, implorante, consolatorio, atterrito. Certo, senza gli occhi qualunque sguardo sarebbe impossibile, ma lo sguardo è altro, è la luce emanata dagli occhi che rispecchia la profondità a cui attinge ciascuno di noi. Lo sguardo sono gli occhi immessi in una persona che ha una propria «anima».

Lasciami chiarire l'uso di questa parola. «Anima» è un termine che adopero sempre con molta attenzione, perché non voglio affatto mancare di rispetto a chi vive per l'anima, a chi si gioca tutto per la vita eterna, quando l'anima sarà staccata dal corpo.

Non entro in questa difficile problematica, anche se, più avanti, ne farò un cenno specifico. Mi limito ora a chiarire il senso di questa parola, per me non dissimile da quello di «mente» e «psiche», che non sono corpo, ma emergono dal corpo. Non è carne, e non può che essere metaforica l'immagine che ne dà il filosofo greco Platone: un'anima in un corpo che la imprigiona.

Nel senso limitato alla Città della terra, l'anima è quel qualcosa che manca a ogni organo preso singolarmente e che invece lo trascende, acquistando senso nella persona, che è l'insieme di tutti gli organi coordinati da un Io che si rapporta con gli altri.

Mi rendo conto che è complicato, ma sono anche stanco, da buon e paziente vecchio, di una società in cui tutto deve essere semplice e dove il complesso va semplificato proprio per i giovani, che altrimenti chiuderebbero il libro o si sottrarrebbero al dialogo, abbandonandoti in una sorta di monologo folle. Ci sono cose complesse e bisogna che rimangano tali, per non adulterarle semplificandole.

Al corpo si lega un argomento che spero ti troverà

più sensibile e con cui forse sarà più facile tenerti ancora su questi fogli: l'estetica.

Un aspetto centrale per l'adolescente di oggi.

Affermare che il corpo è un insieme estetico è un errore gravissimo. L'estetica non è riducibile al corpo, ma è anche movimento, atteggiamento. L'estetica emerge dal corpo, ma non è la somma della bellezza delle sue singole parti. È un corpo con un'anima.

È inutile dare le misure. Persino un 90-60-90 può essere volgare e dunque antiestetico, mentre numeri fuori dai crismi della manualistica possono dare «classe», che non ha nulla a che fare con le semplificazioni aritmetiche del corpo.

È incredibile come questo aspetto della persona sia mutato nel tempo e come la sensibilità estetica sia diventata una preoccupazione dominante. Un giudizio che nell'adolescente sa di pena capitale: sono brutto, sono brutta. E io conosco adolescenti, per me strepitosi, che invece si vedono brutti e si lamentano per la poca generosità della Natura.

Si tratta di un pregiudizio generale, perché tutti gli adolescenti, indistintamente, sono insoddisfatti del proprio corpo e si sentono brutti.

Pensa al dramma che vivi ogni volta che scopri un brufolo. È un puntino rosso su un frammento della tua cute, invisibile a tutti tranne che a te, che lo vedi enorme, un vulcano che erutta pus e che fa uno schifo tale da doverlo nascondere, al punto che non esci dalla tua stanza pur di non portare a spasso quell'orrore che tutti vedranno non appena poggeranno lo sguardo su di te, venendo colti da vomito inarrestabile o, in alternativa, da pietà e misericordia. Se non ti dicono nulla è per pietà, e perché provano pena per la tua situazione.

In realtà quel puntino è ingrandito dalla tua fantasia, dal principio universale, e dunque a priori, per cui un adolescente per essere tale si deve sentire e vedere brutto, un anatroccolo deforme che soltanto madre e padre cercano svogliatamente di sostenere con quell'atteggiamento da san Vincenzo che fa essere ottimisti anche con uno che sta tirando le cuoia nello sterco e nell'abbandono.

C'è poi il seno troppo abbondante o troppo piccolo, e anche in questo caso le misure soggiacciono al principio generale per cui una adolescente riesce sempre a individuare in sé i presupposti della propria «deformità» e quindi della propria paura.

Lasciamo stare la cellulite. E i capelli, che una ha ricci e tira per farli diventare dritti, un'altra ha a «retta sparata» e vorrebbe facessero almeno la curva.

E poi c'è il dramma del sedere. È stupefacente quanta attenzione gli si dedichi, quasi come a un secondo volto. E ovviamente anche questo è orrendo e allora non rimane che piangere la mancata fortuna e prendersela con la mamma, che forse è la causa principale del disastro, avendoti trasmesso geneticamente la bruttezza.

E guai se qualcuno tenta di consolarti: è la prova che davvero sei fuori misura e non ti resta che la fuga dal mondo.

Il fatto è che l'adolescenza, in quanto metamorfosi del corpo, induce il terrore di essere trasformati in qualcosa di orrendo, e su questa attesa si percepisce di sé soltanto ciò che appare «fuori norma». E basta un brufolo, appunto: non si vede altro.

Per «fortuna» ci sono le metamorfosi artificiali, per correggere quelle naturali, che avvengono sotto i tuoi occhi senza che tu possa fare nulla. Accadono, e tu tenti nella disperazione di rifarti.

Gli strumenti vanno dal trucco al viso – e qui, tra fondotinta, fard, rossetti e creme rassodanti o emollienti si aprirebbe un capitolo sterminato – all'attaccarvi qualcosa, dagli orecchini delle ragazze della mia adolescenza agli oggetti più strampalati che oggi ci si aggancia alle parti del viso più strane.

E si potrebbe partire dalla bocca, le labbra ma anche l'interno, dove si fanno penetrare cerchioni nel frenulo linguale, si impiantano chiodi nelle papille gustative in modo da trasformare quel cavo in un'officina meccanica.

Ai padiglioni auricolari, adesso, si può stendere persino la biancheria e trasformarli in un'esposizione, una sorta di mercatino dell'usato.

Attorno agli occhi, sulle labbra, si conducono operazioni strabilianti, le sopracciglia si guardano sempre in cagnesco e qualcuna le strappa ancora con violenza perché non nasca più niente e si veda solo la loro assenza.

Ma poi c'è il resto, le altre parti del corpo, e su ognuna si potrebbero celebrare un dramma e infiniti tentativi di riparazione.

Il dramma del seno.

Se è piccolo lo vuoi materno, se è generoso deve essere ridotto fino a entrare in una coppa di champagne. Se è soffice lo sogni sodo, se pare un pezzo di legno, che non si muove nemmeno con il terremoto, allora lo vorresti morbido.

Esiste anche a questo proposito un principio universale per cui un'adolescente vuole, fortissimamente vuole, il seno che non ha. E piange disperatamente per questa disgrazia, per questa assenza. E così, una desidera quello dell'amica, che in segreto non sogna altro che quello di colei che vorrebbe il suo.

L'invidia del seno è il dramma di questa società di adolescenti.

Altrettanto si potrebbe dire, e con la stessa ironia che vuole soltanto colorare di paradosso il dramma, del pene.

Ma arriviamo al come vestirsi, alle cose da indossare, ai colori da abbinare, poiché bisogna combinare insieme oggetti diversi e avere una fantasia improntata all'estetica.

Il corpo è il fondamento per l'estetica, e se sbagli diventi un obbrobrio.

E qui, per tutti gli adolescenti, e anche per te mio caro, vale un altro principio universale: avete tutto, ma vi manca sempre quello che ci vorrebbe in quel momento.

Delle trentasei paia di jeans manca proprio quello che andrebbe bene per quel pomeriggio e che invece puntualmente possiede l'amico.

È per me incredibile pensare, te lo confesso, che da ormai mezzo secolo si confezionano jeans che si riducono a due tubi, uno svasato e una cerniera, credendo e facendo credere che in negozio ce n'è un paio nuovo, assolutamente diverso da tutti i precedenti.

A me paiono tutti uguali, e quando vedo una ragazza che va a comperarsi i nuovi buttando i vecchi, perfettamente identici a quelli appena acquistati, sono tentato di riprendere in mano il trattato sulla follia e aggiungervi un capitolo sui jeans.

Tu lo sai bene, se devi uscire alle sei del pomeriggio, già alle quattro ti piazzi davanti allo specchio e alle cinque e mezzo sei incazzato perché non hai nulla da metterti e guardi desolato le tre ante di guardaroba piene di cose inutili. La tua compagna, del resto, non sta meglio: si mette a piangere e chiama la madre lamentandosi di essere brutta da fare schifo, e incolpa lei, proprio lei, la madre, di esserne la responsabile poiché, essendo in sovrappeso, evidenzia un codice genetico con cui era meglio non facesse figli.

Per fortuna alle sei uscite entrambi e vi trovate nel gruppo vestiti tutti uguali, maschi con maschi e femmine con femmine, come si trattasse di un collegio da strada, una specie di compagnia dei matti.

Ma la fortuna è che l'adolescenza passa, almeno dal punto di vista del corpo. La crescita in altezza termina, il seno non cresce oltre una certa dimensione e il sedere, piaccia o no, raggiunge le forme che il Signore ha stabilito.

Inoltre l'attenzione dapprima esclusiva al proprio corpo si sposta su altri corpi, e accade che una ragazza si innamori di te nonostante tu sia un mostro e intanto scopre che quel seno da lei così denigrato ha per te un fascino strano poiché lo toccheresti sempre e lo vorresti in bella vista.

Insomma, l'estetica viene vinta dalla funzionalità o comunque ti convinci che la migliore prova estetica sia la funzionalità e che la bellezza dipende dal gusto, dal tipo di relazione, dal saper portare il corpo, dal come lo offri e, ricordalo, persino da come lo neghi.

Sembra una frase da vecchi saggi, ma è proprio «questione di tempo e di esperienza». Lo so che per tutto questo tu soffri, che ti senti insicuro e talora disperato: sentimenti che vanno presi in seria considerazione per un aiuto adeguato. Ma ricordati che quello schifo di corpo è in metamorfosi e, ti raccomando, non stamparci sopra immagini che poi non si possono togliere, perché potresti un giorno desiderare di farlo.

Ho visitato qualche settimana fa a Londra una

Piercing and Tattoo Clinic e ne sono stato impressionato. Te ne parlo perché mi pare che l'adolescenza oggi favorisca comportamenti eccessivi e che non tenga in sufficiente considerazione il cambiamento del gusto, che si rileva in ciascuno di noi in funzione del tempo e delle fasi dell'arco esistenziale.

La *Piercing and Tattoo Clinic* non è uno dei soliti buchi dove ci si può stampare sul corpo qualsiasi disegno o attaccarci qualunque oggetto, magari nel rispetto delle norme igieniche.

«*Clinic*» in inglese significa ambulatorio. Questo era costituito da una grande sala suddivisa in ambienti che si identificavano per la presenza di un banco con sopra molti strumenti, una persona vicino rivestita di una tonaca bianca, una sedia su cui si poteva sedere il cliente.

In alcuni casi, al posto della sedia, una panca dove potersi sdraiare.

I clienti erano tutti adolescenti, ragazzi e ragazze che ai miei occhi apparivano splendidi, agli occhi di chi ha ridotto la propria adolescenza a un ricordo, non a una nostalgia, poiché anche per me è stato un periodo difficile e burrascoso.

Tra gli arnesi di lavoro della *Clinic*, a colpirmi in maniera impressionante è stato il braciere, un apparecchio dotato di una manovella apposita per far circolare l'aria e animare la carbonella. Sopra, una serie di ferri che per contatto si arroventavano raggiungendo temperature da ferriera.

Ed ecco la cerimonia.

Una giovane accompagnata da due amiche, che le sarebbero succedute non appena finito il suo turno e per il momento facevano da sostegno psicologico. Viene indicata l'area in cui si andrà ad agire, il lato esterno della coscia di destra. L'operatore, dopo averla esplorata, con decisione vi applica un bottone di ferro che letteralmente la brucia. Si vede il fumo salire. La sofferenza deve essere straziante e sopportabile solo in virtù di una particolare determinazione e del sostegno delle amiche, che partecipano al rito anche condividendo quel sacrificio. Il risultato è una cicatrice che l'operatore valuta, mentre la «paziente» ha chiari sul viso i segni di un dolore sovrumano e piange, mescolando però le lacrime a un sorriso di soddisfazione perché ce l'ha fatta senza svenire.

È possibile, ma io non lo posso testimoniare, che abbia assunto qualche droga che l'aiuti a sopportare il male. A tutti è noto che i derivati dell'oppio sono antidolorifici potenti. Ciò che posso dire con certezza è che quella ragazza ha avvertito un dolore lacerante.

Ma proseguiamo.

La piastra ha bruciato letteralmente la parte che, senza sanguinare, si è trasformata in un cheloide della consistenza del cuoio, su cui l'operatore strofina ora dell'olio e delle creme. Su questa superficie irregolare e rilevata, una sorta di malformazione, l'operatore procede adesso a stampare un tattoo, un fiore di loto, a colori e naturalmente indelebile.

Il risultato che mi trovo di fronte dopo circa due ore è di grande effetto, poiché non è una semplice rappresentazione a due dimensioni, ma un fiore di loto in rilievo.

La cerimonia è terminata.

La ragazza aveva deciso di darsi una nuova conformazione anatomica, almeno in quel punto.

Soddisfatta, ora doveva svolgere il ruolo che avevano giocato le sue due amiche, facendo loro da sostegno. Un aiuto particolare, eccezionale, poiché fondato su un vissuto, su un rito già consumato e su una prova di coraggio superata.

Un lavoro fatto per sempre, un intervento strutturale. Una sorta di chirurgia estetica da adolescenti realizzata a ferro e fuoco.

Avevo in mente di chiederle qualcosa, ma mi è mancato il coraggio. Guardavo il suo volto con grande rispetto, ma anche con una pena legata al dubbio che quella adolescenza avesse perso ogni direzionalità, fosse diventata terreno di uno sperimentalismo eccessivo.

Come se il corpo fosse soltanto una superficie su cui tracciare i segni che si potrebbero anche scolpire sulla pietra o ricamare sulla battigia di una spiaggia bagnata dal mare.

Quel marchio era per sempre.

Questo episodio non ti avrà colpito più di tanto e credo tu conosca ragazzi che non si limitano a voler cambiare un frammento di cute, un pezzo di coscia, ma che cercano una metamorfosi totale, per diventare altro.

Insomma, se l'adolescenza è una metamorfosi, alcuni adolescenti aggiungono metamorfosi alla metamorfosi.

Mi sto riferendo ovviamente alla droga, alla possibilità di assumere sostanze chimiche e di avere sensazioni immediate che ti sorprendono, ti modificano. E ti sembra di star bene se prima eri insoddisfatto, oppure più socievole se prima temevi di apparire chiuso e timido. Persino forte se ti sentivi debole, potente se pensavi di essere sessualmente frigido. Una metamorfosi di tutta la tua persona fino a farti credere di essere un uomo nuovo.

La droga diventa una sorta di interruttore per mutare e siccome non ti piaci, la voglia di azionarlo si ripete e ti butti dentro roba e, passato l'effetto, ne butti dell'altra.

Non voglio entrare in questo capitolo con tutte le precisazioni e le distinzioni che merita, ma rimanendo nei limiti di una lettera, sia pure lunga, voglio dirti in maniera chiara che cosa penso e in che modo in molti anni abbia dato sostegno e azione a questo mio convincimento.

Lasciami solo premettere, anche se di corsa, che il problema della droga non l'hanno inventato gli adolescenti di oggi; che l'alcol è a tutti gli effetti una droga, anzi una droga pesantissima; che sullo stesso piano va posto anche il tabacco.

La droga, poi, non è soltanto una sostanza chimica, ma è uno stile di vita, un'abitudine che entra nello scorrere delle proprie azioni.

L'effetto che se ne ottiene è sempre l'esito complessivo di una sostanza, del modo di assumerla (dose, frequenza, via di somministrazione), ma anche di una personalità e quindi delle caratteristiche del consumatore. Non ultimo dipende dalle condizioni in cui la sostanza viene assunta. Dunque, per fare la valutazione di una storia di uso di sostanze bisogna prendere in considerazione tutti questi fattori, e qui si inserisce subito la distinzione, che si impone al buonsenso, sulla quantità e sulle modalità del consumo. E c'è differenza tra un esteta del bicchiere, una sorta di sommelier, e chi si ubriaca riempiendosi la testa di vino, senza nemmeno sentirne il sapore e ricercando solo lo sballo, la perdita dell'identità per trasformarsi in protagonista se prima viveva come un emarginato.

Insomma, ci sono molti «distinguo» e a me sono possibili soltanto considerazioni generali, che però spero ti siano utili, non tanto perché costituiscano il «toccasana» per non essere uncinati dalla droga, ma perché ti aiuteranno a conoscere posizioni precise. E visto che sono io a scriverti, conoscerai la mia.

Credo che ogni abuso di sostanza esprima un bisogno dell'adolescente che potrebbe essere risolto in maniera diversa.

Dunque difendo il diritto di non drogarsi per

tutti gli adolescenti, il che significa che vorrei garantire ai bisogni una soddisfazione entro vie diverse e accettate dalla società. Sono di conseguenza contro le droghe, contro tutte le droghe, perché le leggo come vie traverse per affrontare problemi che gli adolescenti devono essere aiutati ad affrontare in maniera più consona a quanto sappiamo oggi di questa età.

Sono sicuro che le droghe per agire debbano entrare nel cervello e attivare o alterare il funzionamento di meccanismi complicatissimi, a cui si legano i colori della nostra vita: dall'intelletto alla violenza, dal senso del bello all'amore. La creatività e la distruttività.

Di questo organo stupendo e terrifico allo stesso tempo, sappiamo pochissimo, e se lo dovrebbero ricordare sia coloro che sparano a zero e dipingono scenari di morte per chi si droga, sia coloro che assolvono tutto, come si trattasse di acqua fresca iniettata in vena, invece che di eroina.

Ci tengo a sottolinearti che tratto il fenomeno droga coniugandolo solo con l'adolescenza. Molte cose cambiano, anche i giudizi, quando ad assumere sostanze è un vecchio o un adulto o un malato cronico.

Restiamo sugli adolescenti, e sui molti bisogni cui occorre dare una risposta adeguata da parte della famiglia, la microsocietà, ma anche di quella più vasta, la società intera, che agisce attraverso la scuola, attraverso una pianificazione di luoghi e di centri dedicati a questa fase della crescita.

Stai attento a non mettere in droga i tuoi bisogni, a non deviare da altre vie di risposta per rifugiarti in questa che non solo non è la migliore, ma potrebbe farti perdere il treno per soluzioni che magari avrebbero avuto maggiore senso nella tua esistenza.

Tra tutti i bisogni ce n'è uno che finisce per diventare un tratto caratterizzante della tua personalità: quello di imitazione.

Non mi riferisco all'imitazione di un singolo, ma di un intero gruppo, quello dei pari età in cui ogni adolescente aspira a entrare per identificarsi.

La prima volta si usa la droga perché gli altri la usano, perché te l'hanno offerta e non avevi motivo per dire né di sì né di no, ma temevi che il no, il rifiuto, ti avrebbe differenziato e magari escluso da quella appartenenza cui tenevi tanto.

Hai detto di sì pur di non rimanere solo, solo con il terrore dell'abbandono, di non essere accettato. Del resto ti porti addosso difetti orrendi che soltanto tu conosci, e che se fossero svelati ti farebbero cacciare da questo consesso, talmente meraviglioso che ora diventa la tua vera famiglia (o almeno vorresti che lo diventasse).

Insomma, la prima volta usi la droga perché la usano quelli del gruppo e continui a usarla perché il trovarsi con loro significa anche farne uso e poi perché finisce per piacerti nel senso che ti piaci di più quando ti fai. E potresti continuare a farti e da questo momento sei contento che lo si sappia e magari il farti diventa una modalità per esser diverso da altri che non si fanno o si fanno poco. E che guardi come fossero «polli» che credono di conoscere la droga, mentre sono solo bambinetti esaltati.

E così si giunge al punto in cui la droga è tutto il mondo. Si parla solo di lei, si pensa solo a lei, si va con quelli che la usano e con loro si parla di lei, si pensa a lei.

Il mondo è tutto dentro una bustina o persino dentro un «pane» di marijuana da cui si tira con continuità nel desiderio ormai di farlo sempre e sempre quando ce n'è, e sempre ce n'è.

Lasciami solo fare un appunto alla società adulta, quella del mercato della droga, di qualsiasi droga. Agli adulti che fanno dell'adolescenza solo un affare e magari poi sentenziano sui nuovi vizi da benessere. Mercanti disposti, per un po' di denaro, a trasformare gli adolescenti in otri di cocaina o di eroina, a riempire i loro polmoni di marijuana e non più di aria (anche se inquinata come quella delle nostre città).

E poi si vuole fare della droga un problema dei giovani: voce di sepolcri imbiancati.

Non sopporto una società tollerante verso l'uso delle droghe e pronta a giustiziare ed escludere chi le ha usate e le usa. Una società che non affronta i bisogni sacrosanti dell'adolescenza, lasciando fare in nome della libertà di scelta.

Si droghino se lo vogliono, ma se ne consumano un po' di più allora sono giovani da buttare.

Una società che al massimo si occupa di «contenere il danno» che possono portare alla comunità per bene i drogati, giungendo a distribuire una droga di Stato che costa meno di quella al mercato nero.

Quella stessa società al cui interno si situano i poteri che la commerciano e la producono, o comunque dentro cui si nascondono quelli che traggono profitto da un denaro sporco, accettato da banche di grande prestigio, banche che ora hanno deciso persino di parlare di etica e si chiamano «etiche».

Scusa questo sfogo. Vedi, una simile società non la si cambia – ti ricordi la rivolta? – diventando dipendenti dalla droga, che significa acquisire una doppia dipendenza: dalla droga e da una società che non si occupa adeguatamente dei vostri bisogni e la fa circolare dappertutto, non solo nelle discoteche. Pensa, persino nelle carceri di massima sicurezza.

Questa società la si migliora con l'indignazione e con la lotta, non divenendone succubi: sarebbe come voler vincere la schiavitù, un obbrobrio della cosiddetta civiltà, facendosi schiavo di un padrone dell'Alabama.

Vorrei convincerti che è possibile trattare e risolvere tutti i problemi dell'adolescenza senza inserire nello scenario la droga come protagonista obbligato.

Tu hai il diritto di non drogarti.

Come vedi mi sto scaldando e queste ultime pagine hanno un segno di penna particolarmente intenso per la forza che anche i miei muscoli, oltre che i pensieri, vi infondono.

Voglio chiudere questo tema coi risultati di una vecchia ricerca, eseguita ormai quindici anni fa e mai raccontata agli adolescenti. Lo voglio fare perché non accetto la prudenza estrema quando poi si lascia passare tutto sottobanco, quando con il buonsenso si arriva a dire che i drogati, se ci sono, almeno non si vedano, e allora li si centrifuga fuori delle città, in periferia, perché nei centri storici sono un arredo antiestetico.

Ecco la ricerca.

Si sono presi tre gruppi di adolescenti divisi a seconda del loro atteggiamento nei confronti della droga.

Il primo gruppo era formato da chi affermava di non aver mai fatto uso di droga e che mai l'avrebbe fatto. Persone, dunque, contrarie alla droga, senza discussione e senza distinguo. Un no netto.

Il secondo gruppo era costituito da quanti ne erano uncinati e dipendevano, da una sostanza o da un'altra, a un livello tale da farne una componente dominante della propria vita. Il mondo dentro una bustina.

Il terzo gruppo comprendeva soggetti che l'avevano provata qualche volta, che non escludevano di poterlo fare ancora e quindi le riconoscevano effetti gradevoli, ma non accettavano di inserirla tra le necessità della propria esistenza.

Ti è chiara, credo, l'identità dei tre gruppi: «no» come si trattasse del demonio, «sì» come fosse l'oggetto dell'amore, «ni» come fosse un oggetto della curiosità a cui prestare qualche attimo di attenzione e di esperienza, ma con cui non instaurare una relazione significativa.

Stabilite le differenze di comportamento nei confronti della droga, i soggetti, adolescenti come ti ho detto, sono stati sottoposti a una serie di test di personalità e a scale che potessero fare emergere deficit tali da indicare una vera patologia. Si è aggiunta anche un'indagine clinica, nel senso che il tutto veniva valutato da uno psichiatra. Ebbene, ecco cosa si è trovato.

Il gruppo del «no» mostrava i segni di una rigidità della personalità, con tratti di perfezionismo che sono sovente specchio di ossessività e fobia. In maniera inattesa, non era questo il gruppo più equilibrato mentalmente.

Il gruppo del «sì» presentava segni di insicurezza di base e tutte le caratteristiche della dipendenza e, quindi, della difficoltà di prendere decisioni senza adeguate spinte esterne, oppure solo con un aiuto che potesse condividere l'azione. Un gruppo con segni di carenze significative e a rischio di una netta patologia della personalità.

Gli adolescenti del gruppo che mostrava curiosità

da un lato e prudenza dall'altro si avvicinavano di più al modello della normalità.

Una ricerca non è mai la verità, ma un'indicazione su cui riflettere, e con questo spirito te la sottopongo. Vorrei che ne discutessi insieme a tuo padre e a tua madre. Potreste coralmente scoprire che un atteggiamento integralista, un proibizionismo folle e intransigente sono fuori luogo per eccesso e che un liberalismo qualunquista sarebbe altrettanto errato per difetto di preoccupazione.

Potreste parlare del consumo di sostanze come un segnale di richiesta d'aiuto e quindi valorizzare l'atteggiamento che, almeno nell'immediato, si concentra sull'affrontare insieme le difficoltà. Una volta risolte, potranno evitare la tentazione della droga, o favorirne l'abbandono.

Spero anche che insieme a loro, a tuo padre e tua madre, vi soffermiate sulla contraddizione, frequente all'interno della famiglia, tra atteggiamento spesso benevolo nei confronti di alcol e fumo di tabacco e intransigenza per sostanze d'abuso che sono esattamente sullo stesso piano.

Pensa, ci sono madri che raccontano divertite all'amica della balla architettata dal proprio figlio adolescente – ricordi l'atteggiamento verso le trasgressioni? – e poi vanno dallo psichiatra per uno spinello di marijuana.

Forse sarebbe bene ricordare che nell'ambito delle dipendenze oggi si è inserito anche l'attaccamento ai videogiochi o a Internet, quando raggiunge tempi di esposizione eccessivi. Come se questo fosse il mondo in cui l'adolescente ha deciso di vivere anziché in quello del concreto.

Insomma, mi piacerebbe che il tema della droga diventasse l'occasione per affrontare in famiglia una delle opzioni con cui l'adolescente si trova a doversi confrontare e a cui occorre dare una risposta.

Non dimenticare, comunque, di riflettere sul mio punto fermo, il diritto dell'adolescente a non drogarsi, e fammi sapere qualcosa, scrivimi, magari un messaggino.

Finisce qui la parte di questa lettera dedicata al corpo, e ora devo passare a un altro punto fondamentale per capire la tua età: la percezione del tempo.

Il tempo vissuto

Carissimo, inizio un argomento che mi coinvolge anche sul piano personale, quello del tempo, il tempo che passa. Certo la mia età è piena di passato e ha poco futuro, mentre la tua ha un grande futuro davanti ed è da poco cominciata.

Il passato comprende tutto ciò che è morto e che noi depositiamo nella memoria potendo così rievocarlo e farlo almeno per un po' rivivere. E in questo senso io vivo più di morti che di vivi. Il futuro, invece, è un tempo che non c'è ancora e che viene tenuto in vita dai progetti, dalla speranza e dai desideri.

Penserai che mi sono dimenticato del presente. Non me lo posso permettere, perché occupandomi di te, e dunque della tua adolescenza, so che tu vivi il presente, ti dimentichi del passato e che del futuro non hai una visione molto lontana, al massimo arrivi a qualche settimana o alle prossime vacanze.

Ciò equivale a dire che gli adolescenti sono iperconcreti, attenti a ciò che riguarda il «qui e adesso», l'hic et nunc.

Usando un'espressione drammaticamente poetica, per l'adolescente è come se il mondo finisse domani.

Ma lasciami fare subito una distinzione, che è scontata ma non banale. Al tempo cronologico, quello che tutti possiamo misurare nello stesso modo suddividendolo in ore, minuti e secondi, si aggiunge un tempo vissuto, che ha la dimensione del singolo e varia con gli stati d'animo. Una stessa frazione di tempo vissuta nella paura si allunga moltissimo, nella gioia si accorcia. La depressione dilata un attimo all'infinito. E in questa dimensione entrano anche la fretta, l'impazienza.

Insomma, esiste un tempo dei sentimenti.

Sembra un assurdo dare tanto rilievo al tempo d'orologio, a questa dimensione fredda e disumana, che serve forse ai fisici, ma non certo a chi si occupa della complessità dell'esistere che, semmai, scandisce l'irregolarità. Mi affascina la durata che non esprime il tempo reale, ma appunto quello dei sentimenti.

Il tempo passa in maniera diversa se hai un'attesa

oppure no, se hai un progetto oppure lasci che tutto scorra come se tu dovessi essere un testimone, non un attore.

Ma ritorniamo al tempo presente. Se tutto dipende dal momento presente e si vive come se il domani non ci fosse, allora l'attimo presente assume una dimensione enorme, e se capita qualcosa che non soddisfa o addirittura delude e frustra si avverte un senso di tragedia e di irrimediabilità.

Per le stesse ragioni, pensare che sia esistito qualcosa prima di te non ti importa per nulla, ti sembra irrilevante per la tua esperienza e inutile per la soluzione delle tue difficoltà, che sono invece presenti.

Per questo si può anche dire che l'adolescente non ha radici, che campa come se il mondo fosse nato con lui e che non considera chi lo ha preceduto. Agisce come se l'esperienza degli altri, dei padri per intenderci, non gli servisse.

Sono sicuro che questa ridda di definizioni ti infastidisce, vorrei allora portarti dentro un fatto di cronaca.

Nella cronaca di un giovane di diciotto anni da poco compiuti, che ha deciso di anticipare il servizio militare, dal momento che comunque gli tocca farlo (eravamo prima dell'attuale disposizione che rende volontario questo servizio) e che non ha nulla che lo interessi e lo occupi davvero.

Parte, e dopo un periodo di addestramento a Verona viene mandato in una caserma degli alpini in Friuli.

È un giorno qualsiasi ed egli deve svolgere un turno di guardia a un deposito di munizioni: si tratta di girare con il fucile in spalla attorno a un capannone pieno di armi.

Monta, come si dice, alle due del pomeriggio e smonterà alle diciotto.

Per quel giorno lui ha un progetto: alle venti, con altri commilitoni, si deve trovare in città con alcuni amici del luogo, tra cui una ragazza che gli è risultata simpatica e che anzi gli occupa l'attenzione anche durante quei giri di guardia che trova del tutto inutili. Insomma, alle diciotto finisce, va a cena, si fa la doccia, si cambia e via con la speranza di un aggancio che ha poco a che fare con le strategie del nemico, ma molto con i legami d'amore.

Sono le diciassette e trenta e un maresciallo lo avvicina, mentre sta sempre girando, e gli annuncia che dovrà proseguire per un altro turno, per motivi di servizio.

Non riesce a credere a quelle parole che, come sempre avviene in caserma, sono secche e non ammettono né commento, né replica. E così si ritrova con un progetto saltato, con la certezza che quell'incontro non avverrà, con la percezione di un disastro.

Non sa reggere a quella delusione, e mentre continua a girare si punta il fucile al petto e spara.

Non muore, per una serie di fatalità: la pallottola non colpisce il cuore e pur restando nel torace, nel tessuto polmonare, quando il ragazzo arriva in ospedale viene subito operato e riesce a sopravvivere.

Si è trattato di un mancato suicidio.

Io me ne devo occupare su incarico della magistratura, per cercare di ricostruire la dinamica del fatto, e lo vado a trovare in ospedale. Mi sento raccontare di quell'ordine, dell'impossibilità di incontrare quella ragazza e di uscire con gli amici. Gli faccio presente che sarebbe potuto uscire la sera successiva o qualche giorno dopo, e che quindi il gesto era spropositato rispetto alla causa che lo aveva determinato.

Quel ragazzo mi guarda come fossi un deficiente, con un sorriso consolatorio, come a dirmi di non buttarmi troppo giù se non ho capito, che mi rispiegherà tutto.

In sostanza, dovevo rendermi conto che lui doveva uscire *quella* sera, non i giorni seguenti, e dunque che con quell'ordine andava irrimediabilmente a monte l'incontro, e siccome attribuiva a quell'evento che, ripete, doveva accadere *quella* sera, una grande importanza, crollava tutto.

Per capire il suo gesto, renderlo coerente e proporzionato, bastava che io eliminassi la dimensione del futuro e dunque riportassi il fatto sul solo piano del presente, di una dimensione cioè che, se negata, cancella tutto, chiude lo scenario dell'esistenza. Tutto era là in quel presente, e poiché era stato cancellato, moriva l'occasione di quell'incontro. Sparito per sempre, perché il sempre aveva la durata di quel giorno, di quella sera.

Appiattendo tutto sul presente, il senso della storia personale muta radicalmente.

Se uno si percepisce in maniera orrenda e si fa schifo e soprattutto è certo di fare schifo a una ragazza con cui vorrebbe uscire, è evidente che senza un futuro non c'è possibilità di pensarsi diverso, di dare a quel brufolo il tempo per andarsene e dunque di potersi presentare a lei migliorato, almeno un po'.

Senza la dimensione del futuro, tutto si fa drammatico perché finisce il tempo ed è come se non si percepisse nulla oltre quell'attimo, quell'incontro.

Insomma, se analizzi bene alcune delle tue difficoltà, ti accorgerai che si legano proprio alla mancata percezione del futuro o a una miopia che te lo pone poco più lontano del naso, a qualche giorno e poi più nulla.

Occorre «dare futuro» alla tua adolescenza, un gioco di parole per sostenere che devi «imparare il futuro», devi poterlo sentire, percepire, per avere una visione che inglobi il domani.

Occorre tu sappia che in questo spazio, non attuale ma mentale, si riesce a immaginare, si può giocare, riempirlo di progetti.

Ed ecco che a «futuro», una parola chiave su cui mi piacerebbe che riflettessi, se ne aggiunge un'altra altrettanto essenziale: «desiderio».

Il desiderio si colloca dentro il futuro, è infatti la capacità che ciascuno di noi ha di immaginarsi diverso da come è adesso, nel tempo.

È straordinaria questa dimensione: vederti come potrai essere.

Il desiderio si fonda propriamente sui progetti, su una diversità che non è illusoria, come avere le ali e volare, ma che si sostanzia e diventa possibile attraverso un impegno, per gradi. Il progetto rende l'immaginato fattibile, realizzabile. Una strategia stupenda che fa accettare il presente e i suoi limiti sulle ali dell'immaginazione, concretizzata da una prospettiva.

Vedi, senza il futuro non è possibile vivere e, paradossalmente, serve anche se non dovesse esistere. Serve anche ai vecchi come me, che ne hanno poco. Il fatto di percepirlo dà una forza straordinaria per continuare a vivere. Sono certo che quando ormai il futuro sarà vicino al presente, che finisce, avrò bisogno di un tempo in cielo. Un tempo diverso in un luogo diverso.

Per alcuni questa prospettiva è illusoria, ma al di là dell'esserci o meno un futuro nel cielo, questo tempo è utile a vivere sulla terra, perché permette di fare progetti e di guardare avanti.

Se quel ragazzo non poteva uscire quella sera, c'era il tempo futuro, quel domani simbolico che ha l'effetto di aiutare a vivere e senza il quale ci si può puntare contro un fucile e sparare.

È la differenza tra Io attuale e Io ideale, tra come sono oggi e come vorrei e, grazie ai progetti, potrei essere domani.

Ebbene, devi avere la percezione di entrambi questi «Io» e devi posizionarli in modo che l'Io attuale rincorra quello ideale. Solo così costruirai progetti per un'esistenza che ti piaccia di più, senza i limiti che adesso ti angustiano e ti fanno soffrire e senza sentire la delusione del tuo stare nel mondo come ti percepisci qui e ora.

Credimi, è bellissimo lavorare in questo spazio dell'immaginazione, nel mondo che si organizza nella tua testa e che in qualche modo è il banco di prova per quello che diventerà attuale, e poi per un altro ancora più bello.

Ecco il desiderio. Come vedi, si tratta di una dimensione assolutamente personale, poiché i desideri si fondano sulle tue caratteristiche, su quanto di potenziale tu hai e su tutto ciò che ti piace e ti entusiasma.

Certo esiste un falso desiderio, qualche cosa che porta questo stesso nome ma in realtà è una malattia del desiderio. Lo potremmo chiamare il desiderio-spot, perché è circostanziato dal messaggio imperativo di acquistare un oggetto senza il quale non sei nessuno. Il messaggio è: «Esci subito e comperalo, altrimenti non esisti».

Si tratta di un desiderio dentro il presente perché è chiaro che la pubblicità non è fatta per vendere tra dieci anni, ma per collocare i pezzi, come si dice, subito: se funziona, le vendite devono aumentare immediatamente.

La tua adolescenza è piena di desideri-spot e manca del desiderio. Lo spot non è affatto personale, ma è di massa, proprio perché un prodotto, e la pubblicità che lo sostiene, si rivolge a tutti. Dunque è desiderio per tutte le tasche, per tutte le menti, per costruire un adolescente comune, da bottega, uno stereotipo. E poiché è questo l'adolescente che serve al mercato, il rischio è che il mercato se lo costruisca, che imponga bisogni immediati e subito offra la maniera, l'acquisto, per soddisfarli.

Gli adolescenti sono stati espropriati del desiderio.

Un'ingegneria dei bisogni, ideata e controllata dagli adulti, per cui un giovane deve desiderare quello che tutti desiderano e che i mercati hanno deciso di vendere. E se non lo compra si sente morto, non esiste.

Una moda e un modello che non hanno nulla a che fare col come sei, non toccano nemmeno i tuoi desideri, quelli che ti appartengono davvero. Sei ridotto a un burattino che desidera ciò che desidera il mercato e non ciò che nasce dentro la tua fantasia e la tua immaginazione.

Interrogati sui tuoi desideri autentici e fallo con tuo padre e tua madre: anche loro dovrebbero rivolgersi questa domanda e aver sempre presente il modo in cui nascono o cambiano i loro desideri e i tuoi, e comunque quale sia il ruolo del desiderio nella tua vita.

Il viaggio dentro il tempo dell'adolescente non può evitare di parlare della morte. La morte come fine del tempo, del tempo personale.

Non è possibile nascondere questa parola e la sua tragicità, la parola «fine».

Ti confesso, non capisco il perché della morte, perché la magnifica esperienza esistenziale debba finire quando rimane ancora tanto da scoprire e da fare.

Avrei bisogno di tempo, di tempi supplementari. E adesso più di tanti anni fa, quando pensavo di aver conquistato delle piccole verità. Ora sento che i dubbi sono aumentati e ho tante cose da affrontare. Devo correggere vecchi errori e tutti quelli che si insinuano nello studio del comportamento dell'uomo e dell'uomo giovane. Non capisco la morte, ma non capisco ancor prima la stupidità dei padri e degli educatori di professione, di quanti sostengono che si debba evitare di parlare di morte agli adolescenti.

Persino i preti non ne accennano più, e pensare che per secoli la Chiesa ha vissuto di morte, arrivando al punto di vendere le indulgenze che garantivano una buona posizione nell'aldilà. Ora predomina l'imperativo che anche la religione deve mostrare un volto gioioso, e dunque basta morte.

Io invece «prèdico» che bisogna «insegnare la morte» e dunque parlarne, e devo contenermi per non farne un tema principe.

Ma ti assicuro che non vi dedicherò molto spazio,

ora, e se la tua tolleranza verso questo argomento è bassa, non disperare, finirò la morte presto.

Sono dell'avviso che il termine «morte» abbia la stessa radice di «amore», e che amore sia anzi la combinazione di *a* (come alfa privativo) e *morte*, che viene contratta in *more*. Dunque, attraverso la magia dei giochi di parole l'amore è la terapia della morte e infatti l'amore è vita alla massima intensità, ma nello stesso tempo l'amore parla sempre di morte, della morte d'amore, e gli amanti nutrono sempre il proposito di stare insieme anche da morti.

A parte queste considerazioni, credo valga il principio che la morte serve a dare un senso anche alla vita e che non sia possibile vivere senza considerare la morte.

La morte è un'esperienza esistenziale, non solo perché muoiono le persone più grandi di noi e talora anche i nostri compagni, ma perché il nostro passato è fatto di persone che non sono più, ma che sono state e a cui la nostra piccola storia è legata. Quella storia familiare di cui i giovani sanno poco e gli adulti parlano ancora meno, per nascondere a volte qualche vizietto dei nonni e dei bisnonni, magari quell'attaccamento al vino che li portava spesso ad avere fantasie ebbre e a fare delle cose, appunto, innominabili.

La nostra storia passata non è riducibile a una metafora, ma si lega a persone reali che hanno vissuto e sovente faticato, ponendo le basi per un benessere di cui è probabile non abbiano nemmeno goduto, tirando fuori dalla terra l'impossibile o emigrando per lavorare come folli e in condizioni di gelo affettivo, quando non di odio pregiudiziale.

Insomma, si continua a sostenere che è bene evitare di parlare ai giovani della morte e dei morti, e poi c'è la televisione che della morte fa spettacolo e i film in cui muoiono eroicamente decine di personaggi.

Domina il mercato della morte-spettacolo. Una morte immediata e mai preceduta da una sofferta agonia, da quel tempo in cui la morte è annunciata, sembra esserci, ma poi permette ancora un po' di speranza. L'agonia farebbe cambiare subito canale o uscire protestando dalla sala cinematografica.

La morte-spettacolo è persino una morte estetica, bella, e ci sono morti strepitose, come quella al «rallenti». Sembra una danza, una coreografia da Bolscioi.

Se ciò non bastasse, è anche una morte transitoria, perché il tuo attore preferito muore sul primo canale, ma sul terzo indossa gli abiti di un tombeur des femmes e ne combina di tutti i colori con frizzante vitalità.

Questa è la morte che insegna lo spettacolo: nulla della tragicità della fine, nulla degli interrogativi che la fine pone sul senso dell'uomo e della vita e persino sulla fine del mondo, che alcuni si figurano con l'immaginario delle religioni, altri con i modelli elaborati dalla scienza.

E non si capisce, allora, perché la morte dovrebbe

fare paura e perché mai un giovane dovrebbe essere terrorizzato quando il padre gli ricorda che la velocità ammazza, che la droga porta al cimitero. Perché dovrebbe esserne terrorizzato, quando la percepisce legata al successo?

Così i giovani muoiono senza sapere cosa significhi, magari si distruggono convinti di mettere in scena una modalità per togliersi dalla difficoltà del momento.

Gli adolescenti pensano spesso di sparire e di uscire da quella scena fatta di presente con una morte spettacolare, da «eroi del nulla», che non prendono sul serio il corso del tempo, il tempo dell'esistenza, destinato comunque a una fine, alla morte.

Per questo mi piacerebbe che tu pensassi alla morte e vorrei che se ne parlasse anche a casa, senza gesti scaramantici, partendo magari dalla morte dei padri dei tuoi padri, vedendola come un'occasione per riflettere sulla memoria e sul passato, a cui anche un adolescente, suo malgrado, è attaccato e a cui è bene si senta radicato, poiché le radici servono a crescere.

Ecco, attraverso la morte voglio che recuperi il passato.

Del futuro ti ho parlato, di un futuro che alla fine si incontra necessariamente con la morte, per te lontana mentre per me con un volto più definito.

Ormai devo indossare gli occhiali per mettere a fuoco la realtà che mi circonda, ma la morte la vedo anche senza, e perfino chiudendo gli occhi.

Adolescenza, età degli eroi

Negli ultimi fogli di questa lettera ho posto le basi per parlare di una figura che ti è certamente cara, quella dell'eroe.

Forse senza che tu ne abbia consapevolezza, giri attorno a figure di eroi, eroi del nostro tempo, giovani di successo, leader carismatici che suscitano anche la tua ammirazione per quell'alone di fascino da cui sono circondati.

Anche gli adolescenti vogliono essere degli eroi e sovente cercano condizioni, si sottopongono a prove che possano attestare e dare legittimità all'appartenenza a questo Olimpo.

L'eroe greco, il modello classico dell'eroe, sempre giovane perché era indispensabile avesse prestanza fisica e abilità nell'uso delle armi, era caricato dall'intera comunità di compiti specifici e dunque assolveva un mandato sociale importante: dalle sue gesta dipendeva la libertà del suo popolo.

Un altro elemento che lo definiva era la sua morte.

Sembra strano, ma solo con la morte l'eroe viene riconosciuto per sempre come tale, finché rimane in vita è un guerriero vincitore, ma non ancora eroe. Solo la tomba lo suggella definitivamente. E in questa elezione la vittoria conta meno.

Un ultimo elemento che suggella l'eroe nella Grecia antica è la sua alleanza con gli Dei o con qualcuno di essi in particolare, a indicare la sua sacralità.

Ho voluto richiamare questo modello poiché sono convinto che, con le dovute distinzioni, rappresenti un riferimento per capire molti comportamenti strani e persino assurdi degli adolescenti di oggi.

Non voglio certo sottovalutare gli eroi positivi di oggi, giovani che danno la loro vita per la libertà di un popolo o servendo proposte di pace. Non lo posso fare quando tutti abbiamo fissato nella mente il volto degli «eroi di Nassiriya» caduti nel novembre del 2003. Ma sono preoccupato per i molti pseudoeroi adolescenti che muoiono senza nessun senso né per loro né per le comunità a cui appartengono.

L'eroe gioca tutto sul presente, su un evento che ne attesti inequivocabilmente l'affermazione: una prova che va svolta in quel momento e non può essere rimandata.

Vive il presente, poiché essere o non essere eroe è come vivere o morire, in quello scenario si affermerà il suo destino. Adesso o mai più.

Insomma, l'eroe non percepisce l'esistenza come un continuum, ma come insieme di momenti in cui si mette in gioco, esiste. Non è protagonista del quotidiano, è indispensabile in una data circostanza, in un confronto d'eccezione.

Ed è proprio da questa contrapposizione alla norma che sorge la simpatia verso gli eroi, ma anche la critica.

Bertolt Brecht, il grande drammaturgo tedesco, diceva: «Beate le società che non hanno bisogno di eroi» e intendeva, così, dare la sua preferenza a quelle in cui tutti sono protagonisti e la soluzione dei problemi non viene delegata soltanto a uno che fa per tutti gli altri. Io penso che o i giovani sono protagonisti nel quotidiano e quindi la società permetterà loro di diventarlo, oppure saranno gli eroi del sabato sera.

Te lo devo dire con molta fermezza, non mi piacciono gli eroi. Vorrei che gli adolescenti affrontassero le difficoltà volta per volta, senza dover dimostrare di essere dei fenomeni e per dimostrarlo rischiare la vita o, come richiede all'eroe il modello greco antico, abbracciare la morte.

Desidero che gli adolescenti vivano qui sulla terra e non nel posto riservato agli eroi in cielo. Io vorrei che trovassero qui la serenità e non l'occasione per morire con il petto in fuori.

E devo aggiungere che non ho tanta simpatia nemmeno per gli eroi della guerra, per tutti quei giovani che hanno combattuto nei due grandi conflitti mondiali e sono ricordati come eroi nei tanti monumenti alla tristezza. Mi piacerebbe che avessero potuto consumare l'esistenza in questa valle di lacrime, dove è possibile realizzare aspirazioni e qualche grande desiderio.

A maggior ragione, sono preoccupato dal bisogno di eroismo degli adolescenti di oggi, e di conseguenza anche dal tuo.

Se ricordi quanto ti ho detto sull'insoddisfazione,

sul non piacersi, sull'essere imprigionati dentro l'attimo presente senza gli ideali che hanno bisogno del futuro, potrai capire come sia facile che tutto questo generi frustrazione e che la voglia di protagonismo, la ricerca di un compenso, spingano ad atti di eroismo, per mostrare che si esiste e si è degni di attenzione.

Prove di coraggio inutili, sfide assurde lanciandosi a tutta velocità o attraversando strade e binari per giocare il caso e vedere se ce la fanno senza essere presi sotto e ammazzati.

Oppure diventano «eroi della droga» e si vantano di assumere dosi che ammazzerebbero anche un cavallo.

Qualche volta la prova è lottare con il padre o la madre fino alla morte, fino a uccidere o ammazzarsi.

Di questo teatro presente degli eroi, la società deve fare a meno.

È triste l'eroe solitario, quello che muore pieno di droga in un cesso di periferia di una città impazzita.

L'eroe del sabato sera che, dopo aver ballato fino all'esaurimento fisico, aver bevuto senza sete come una spugna, tanto per fare qualcosa, e magari essersi impasticcato, va a schiantarsi contro un platano o un palo della luce, in una lotta alla don Chisciotte persa miseramente.

L'eroe dello stadio che compra il biglietto per combattere un nemico anonimo, uno che porta una sciarpa di colore diverso da quella che indossa lui.

Gli eroi delle lotte alla polizia che, se talora ricorre a strategie folli e demenziali, non può certo essere considerata un nemico. È impegnata nella difesa di una intera società e del suo bisogno di sicurezza.

Gli eroi dello stupro che, non avendo conquistata una ragazza e sentendosi impotenti, devono compensare in gruppo, e caricare di violenza ciò che invece funziona, e meravigliosamente, nell'amore. Incapaci di amare, finiscono per fare l'amore spaccando e uccidendo.

Gli eroi delle strisce pedonali, che godono nel tirare sotto un passante e poi scappare con l'unica preoccupazione di aver rovinato la carrozzeria dell'auto.

Ecco gli «eroi del nulla», gli eroi che riempiono la cronaca dell'estremo e di una criminalità che si fa funerea e produce solo dolore.

Gli eroi che sfasciano i banchi di scuola o sporcano la sala professori o strappano i registri. L'eroismo dei cassonetti bruciati e degli specchi per la circolazione mandati in frantumi, in serie, in una notte. Gli eroi dei sassi dai cavalcavia dell'autostrada.

Io non amo gli eroi e ne ho paura.

Temo che anche tu abbia voglia di eroismo, che anche tu possa desiderare di far sentire che esisti scegliendo un modo inaccettabile da te prima di tutto e poi da quanti subiscono i tuoi gesti, direttamente o indirettamente, feriti, se non nel corpo, nella loro dignità.

Gli eroi del furto, della rapina, che considerano

la vita dell'altro meno di una decina di euro, meno di una dose di droga, e la vita di un vecchio, di un vecchio come me, meno della sua pensione mensile, e lo ammazzano per spenderla in qualche ora di vagabondaggio, per mostrare che si hanno soldi e che si è generosi mentre si sta semplicemente sperperando una vita, quella di un pensionato.

Io non amo gli eroi dell'adolescenza, amo gli adolescenti, quelli che avendo di fronte un periodo difficile, consapevolmente si organizzano per viverlo, ritagliando anche occasioni di serenità e di gioia e godendo i vantaggi che questa società offre: un benessere che non è tutto e non può certo sostituire gli affetti, ma non è neppure nulla. Esclude dalle privazioni che altre adolescenze, di altri tempi e di altri paesi, hanno avuto o hanno. Insomma, amo gli adolescenti dell'anonimato, non quelli dell'eroismo.

Vorrei che tu odiassi gli eroi, che odiassi la vita chiusa dentro l'attimo, e facessi invece progetti, tanti, volassi alto. Vorrebbe dire non essere attratti dalla fortuna che cambia la vita, dalla filosofia stolta dell'Enalotto.

Vorrei che tu non sperassi nell'incontro magico che cambierà la vita e ti farà attore o numero dieci di una squadra da scudetto.

Vorrei che tu non pensassi mai che la ricchezza è la felicità dell'adolescente, che basta una moto potente per vedere realizzate le proprie aspirazioni o compensate le difficoltà del momento.

Vorrei che non credessi tanto agli oroscopi o ai maghi del miracolo.

Amo gli adolescenti, con tutti i loro conflitti, gli adolescenti che affrontano, magari con la rivolta, quanto li ostacola. Gli adolescenti che vivono guardando al domani pieni di futuro e di desideri.

Ho visto troppi eroi morire senza un senso, adolescenti che pensavano di farsi eroi e sono semplicemente riusciti a essere vittime.

Vorrei che gli adolescenti si affezionassero a qualche idea, a ideologie capaci di disegnare una vita e una società diverse da quelle di oggi. In grado di permettere a questo mondo di non creare miseria per troppi e ricchezza per pochi. Idee vecchie quanto il mondo, che sembrano solo residui romantici, ma che tra tanti fallimenti hanno pure contribuito a cambiarlo un po', il mondo. E, almeno per certi aspetti, in meglio.

Mi dispiace che in questa società siano morte le ideologie, che sia rimasta solo quella dell'accaparramento di denaro a tutti i costi e il più rapidamente possibile, fino alla disonestà legalizzata.

Gli eroi del denaro, gli imbroglioni secondo la legge, gli eroi del potere del coltello, ma anche delle carte di credito.

Lo so, non spetta solo a te, agli adolescenti, farsi carico di questa situazione. A voi spetta il diritto di essere considerati qualcuno, di avere un senso nel mondo per non doverlo trovare nei gesti eroici. E il dovere di dare un contributo per migliorare le cose nel quotidiano.

Che peccato che questa società non sappia proporre nuove utopie. Anche se difficilmente possono essere realizzate, hanno però una forza straordinaria nell'indirizzare.

Voglio una società di ideologie e di utopie, voglio che gli adolescenti sognino, vivano di futuro e di un futuro da loro disegnato con l'entusiasmo persino delle illusioni. Le preferisco alla concretezza dell'eroe che deve compiere un gesto che sa sempre di morte: una morte che uccide nel corpo, nella personalità, nella dimensione sociale: morti che camminano, come se non ci fossero.

Spetta certo agli adulti, te l'ho detto, ma non si possono separare le classi di età credendole mondi incomunicabili. Si richiede sovente agli adolescenti ciò che gli adulti dovrebbero favorire, proprio per permetterne poi la realizzazione, una realizzazione compiuta, questa volta sì, dagli adolescenti.

Lo hai capito, sono contro i manuali, ma non contro lo schematismo che in questo momento mi si impone, proprio per contrastare la tendenza a sfarfallare, a lasciarmi andare ai proclami, ai desideri di come vorrei il mondo. E alla mia età la testa si riempie di «vorrei» e «avrei voluto», poiché il tempo per essere un protagonista significativo è passato e sono più uno spettatore, ormai, anche se capace di incitare e persino di assumere ruoli gregari.

Mi piacerebbe, come vecchio, essere assoldato da un gruppo di giovani per una loro azione, per un lavoro corale in cui anche un vecchio può servire, se non altro perché può raccontare storie e ricordare la Storia.

Per non diventare un adolescente eroe occorre che tu abbia un senso, che ti senta investito di un significato che si attacca alla tua esistenza ora e quindi anche al futuro, poiché l'esistenza è una «durata», una sequenza che si svolge in un tempo e uno spazio continui.

Non stancarti mai di ricercare il tuo senso.

Ma occorre che anche la società si decida a dare senso agli adolescenti, non limitandosi a cacciarli dentro una sacca in cui l'unica cosa che li aspetta è apprendere, prepararsi ad avere un significato domani, caricato magari solo di valenza economica, poiché la professione è sempre la metafora del quanto denaro guadagnerai.

Gli adolescenti hanno significato adesso, in questo arco della vita, e devono esprimerlo nella società. Più avanti, con la fine dell'adolescenza, ne assumeranno uno diverso. E hanno un ruolo dentro la famiglia, nell'affettività familiare e nel mantenimento degli equilibri, anche se contribuiscono a creare conflitti.

Occorre essere ricchi di fantasia, nutrire quel mondo che, dentro la testa, è carico di progetti e di desideri. Un mondo in cui, come ti ho detto, vengono accolte anche le utopie più grandi.

Questa dimensione aggiunge al tuo senso attuale il tuo senso possibile, e il progetto ti mostra con un volto nuovo, che questa volta sei tu a darti.

Che bello è incontrare un adolescente pieno di idee e di aspirazioni, ma anche di sogni. L'adolescente deve sognare sempre, anche a occhi aperti.

Per non diventare eroe, un adolescente ha bisogno di essere amato.

Il senso esprime una funzione sociale, l'amore un'esigenza personale.

Per non diventare eroi bisogna ancora liberarsi di quelle parti che non ci piacciono, i famosi «complessi», quei pesi nascosti che non si vuole assolutamente siano svelati.

Sono anche queste parti che si devono mostrare, anche perché agli occhi degli altri possono apparire caratteristiche persino positive, o comunque «roba» da non buttare ma semplicemente da sistemare e magari da guardare da punti di vista differenti.

Anche per questo i padri sono importanti e la famiglia può diventare la tinozza per lavare le nostre paure e, nel caso, anche qualche porcheriola.

Beato quell'adolescente che riesce a mostrare ciò che non ama di sé, parlandone e poi cercando di elaborarlo per costruire un'unità, che è il fondamento della crescita.

Sia sul piano personale che sociale, sei un'unità e vieni percepito come un qualcosa di unitario. Nulla devi buttare perché tutto ha un senso, semmai occorre scoprire quale.

Elaborare le parti che consideri negative è una delle scommesse che ti attendono. Le devi evidenziare e mostrare, non nasconderle agli altri e a te stesso.

È probabile che la tua voglia di eroismo sia sostenuta proprio da questa parte negativa che senti dentro di te e che finisce per essere il drago da battere.

Nel significato profondo, ti armi per combatterti e quindi per ucciderti nel tentativo simbolico di togliere ciò che non ti piace e che ti fa vergognare.

Per vincere questo mostro occorre mostrarlo, farlo emergere dalle caverne della propria personalità e osservarlo, insieme ad altri: si scoprirà così che non merita né di essere ammazzato, né di essere nascosto. Va semplicemente capito nel significato dell'adolescenza.

È questo il senso della parola «elaborazione»: i mostri non sono da uccidere, ma vanno smontati perché sia chiaro che si tratta di costruzioni psicologiche e non di entità orrende. Si tratta di mostri costruiti con pezzi di sé che vanno preservati e semmai riorganizzati dentro l'insieme della personalità in crescita.

Per non diventare eroi occorre trovare qualche gratificazione nel quotidiano, nelle azioni ordinarie: non tutto può essere gratificante, ma il bilancio giornaliero tra gratificazione e frustrazione deve almeno essere in pareggio.

Lo sai che la frustrazione è una sensazione di malessere che ognuno di noi può avvertire quando si trova in un particolare ambiente fisico, ma soprattutto relazionale, mentre la gratificazione è il senso di benessere che prova stando con gli altri, quando si sente capito, accettato o quanto meno non escluso. La vita non può fondarsi sulle sole gratificazioni, ma senza si riduce a fatica, magari a fatica inutile.

Se un adolescente è fortemente in rosso (frustrazioni), tenterà la via dell'eroe, che compensa in un gesto clamoroso ciò che gli è negato sul piano della quotidianità, dello scorrere lento del tempo.

Per non diventare eroe, è anche bene eleggere un proprio modello, una figura che si ammira e che distoglie dalla voglia di compiere atti eccezionali.

Ci sono i modelli di casa, quelli che propone la cultura: i modelli positivi, in una parola, incarnati da chi ha speso la vita in un modo che ci sembra significativo. Una vita, non un tiro in porta o un terno sulla ruota di Napoli. Il modello insegna a vivere, l'eroe a morire. Il modello si snoda nel tempo e mostra coerenza, coraggio, rispetto; l'eroe si consuma nella frazione di un attimo straordinario e persino folle.

Ma è tempo che io ti porti dentro la dinamica di una realtà che ti affascina, quella del gruppo.

Il fascino del gruppo dei pari età

Sappi che anch'io considero il gruppo una condizione necessaria alla crescita dell'adolescente, paragonabile per importanza, e te ne ho già brevemente accennato, alla famiglia.

È anzi un sostituto della famiglia e si pone come una sorta di suo controaltare.

Il coraggio di combattere contro la propria casa nasce soltanto se si ha un gruppo alle spalle, se si è parte di un gruppo. L'adolescente che non lo ha ancora conquistato fa più fatica ad affrontare l'iniziazione del distacco.

In alcune culture, come ti ho accennato, l'adolescente è mandato da solo nella foresta per un certo tempo. In questo modo è messo a contatto con le difficoltà di sopravvivenza che, una volta superate, gli infonderanno la fiducia di potercela fare senza famiglia. Al ritorno da questa prova, il ragazzo acquisirà un ruolo sociale. Si tratta di un distacco acuto e talmente cruento che qualche volta l'adolescente non ritorna al villaggio da cui è partito, non ce l'ha fatta.

Nella nostra cultura, la foresta diventa il gruppo. Se si ha un gruppo di identificazione, la famiglia e la casa come luogo della sicurezza non sono così importanti e quindi il distacco avviene in maniera più agevole.

Come ti risulterà da queste premesse, a caratterizzare il gruppo adolescenziale è la sua transitorietà, il suo svolgere la funzione precisa di rendere autonomi dalla famiglia.

Il gruppo accoglie maschi e femmine, e ha sempre un luogo di ritrovo, che può essere anche un angolo di strada. Ci si riunisce senza un perché, senza una motivazione necessaria. La cosa essenziale è stare insieme e sapere che là si incontrerà sempre qualcuno, con la stessa speranza di un fanciullo che tornando a casa spera di trovare la mamma o il papà o qualcuno che caratterizza il gruppo di riferimento stabile, cioè l'ambiente umano in cui sta crescendo e completando appunto il periodo che va fino agli undici-dodici anni, quando comincia la rivoluzione puberale.

Si può raggiungere il gruppo senza aver nulla da dire o da chiedere, e starci a lungo senza parlare o scambiando poche parole.

La rassicurazione è proprio il gruppo, non quello che il gruppo farà in quel pomeriggio.

Questa particolare comunità non chiede nulla, accetta tutti, basta essere identico agli altri e avere gli stessi bisogni. Non è classista, come si sarebbe detto un tempo, e nessuno fa domande per paura di essere a sua volta scoperto in aspetti del proprio mondo che si vogliono tenere nascosti.

Non dimenticare che gli adolescenti non si piacciono e parlare di sé finirebbe per portarli nell'imbarazzo di essere scoperti nella propria intimità.

Certo, senza criteri di esclusione entrano tutti, e questo disturba molto i padri, che invece vorrebbero fare nette distinzioni sulla base della rispettabilità o del prestigio della famiglia di appartenenza, oppure della classe sociale. Un'altra caratteristica del gruppo è quella di non avere un'identità ideologica e politica: il gruppo dei pari non ha nulla a che fare con strutture orientate da programmi e azioni, i suoi membri non sono adepti che si ritrovano per svolgere attività finalizzate a scopi precisi.

E non coincide neppure con i club sportivi, che si organizzano attorno a una squadra che deve raggiungere obiettivi per i quali servono preparazione, allenamento e qualcuno che li programmi.

Il gruppo che ti piace non ha dunque come scopo l'azione, ma semmai quello di occupare il tempo, costituire un ambiente in cui poter stare senza dover necessariamente fare qualcosa di specifico. Il che non significa che non si agisca, ma che il farlo è puramente casuale, la decisione di un momento, l'assenso a una proposta che poteva anche essere bocciata.

In questo clima il tempo sembra non esistere e il problema è sempre il ritorno a casa, che è traumatico perché si ha la netta sensazione di passare dalla propria «famiglia» a qualcosa che si chiama ufficialmente famiglia, ma non lo è. E infatti, non appena varchi la porta, iniziano gli interrogatori, gli esami, e dai il via alle bugie o, meglio, alla strategia di difesa che consiste nel rendere minimo lo scambio con tuo padre e tua madre, con un mondo ormai privo di interesse o comunque di gran lunga meno significativo del tuo gruppo.

La cosa peggiore che ti possa accadere è che la famiglia dichiari guerra al gruppo a cui appartieni, poiché promuoverebbe in te un'identificazione talmente forte da farsi totale. Tale identificazione ti spingerebbe a relegare la famiglia nella dimensione del nemico, proiettando su di lei quell'energia di contrapposizione che può scatenare la lotta sempre e su tutto.

I padri dovrebbero essere consapevoli di questa dinamica e considerare il gruppo, quanto meno, come un luogo di appartenenza del proprio figlio, da cui magari tenersi lontani, senza interferire, ma con il quale sarebbe meglio non attizzare conflittualità. «Se vai ancora con quelli, qui non metti più piede» è una dichiarazione di guerra. Si tratta di una strategia idiota e di un esempio di come i padri possano comportarsi da stolti.

L'adolescente ha bisogno invece di imparare a stare nel gruppo, di saper affrontare alcuni problemi che il gruppo vive, e per questo deve poterne parlare anche con il proprio padre e la propria madre, ma non lo può fare se loro gli hanno dichiarato guerra e dunque lo hanno giudicato male.

I padri dovrebbero mostrarsi interessati al gruppo, tentare nel limite del possibile di capire come si è costituito, qual è la dinamica con cui prende le decisioni.

E a questo proposito, tu dovresti spiegare loro che il gruppo non ha mai una leadership stabile, ma si fonda su ruoli che mutano e che spesso girano, oppure su ruoli parziali, legati a un tema, a un momento particolare. Insomma, si tratta di un organismo a dinamica multipla, a ruoli scambievoli, in cui le posizioni non sono fisse ma cambiano. E questo è importante, poiché permette di imparare a vivere con gli altri e ad assumere ruoli a seconda delle proprie capacità che, naturalmente, sono valutate in rapporto a che cosa il gruppo in quel momento decide di fare.

In verità i padri e le madri si orientano sulla simpatia per un singolo e dunque cercano di favorire il rapporto del proprio figlio, rendendolo esclusivo, con quel «bravo e simpatico ragazzo». È difficile aver simpatia per un gruppo che non si conosce e che comunque è l'insieme di tante persone, con un turnover continuo per cui uno se ne va e un altro arriva e il tutto senza che si produca uno sconvolgimento, come spostare delle pedine o aggiungere un posto a tavola in refettorio.

È sicuro che in un gruppo ci sono adolescenti che, presi singolarmente, sono criticabili e potrebbero, secondo una visione moralistica, essere considerati inadeguati al proprio figlio. Vi è probabilmente qualcuno che si droga, qualche altro che ha rotto con la famiglia.

Chi invece appare stimabile agli occhi dei padri è Carlo, figlio di quell'importante personaggio della città. In un'accezione ingenua, se non ridicola, perché, ammesso che quel padre sia al potere onestamente, non è certo in grado di garantire automaticamente l'onestà del proprio figlio.

Questo per dirti che, mentre tu hai la cultura del gruppo, tuo padre e tua madre hanno quella della relazione familiare o frequentemente di coppia, o dell'amicizia intensa: vederti con una brava ragazzina, che ti voglia bene, che venga in casa, sia rispettosa e ben presto si possano far incontrare le due famiglie al completo. E per una adolescente femmina, sognano il piccolo principe azzurro che passa a comperare i fiori per la nonna. E se proprio di gruppo si deve trattare, allora te lo vorrebbero indicare loro scegliendolo tra esempi di grande impegno culturale o religioso, gestiti da adulti o da «guide» più grandi.

I padri vorrebbero tenerti sotto una campana di vetro, ma se lo facessero impedirebbero un'esperienza di socialità a te necessaria. I legami esclusivi devono attendere. Nella prima adolescenza tu hai bisogno di legarti al gruppo, non a un coetaneo, che ti potrà dare tutto di sé ma non soddisferà il tuo bisogno sociale. Non è tempo ancora, non è ancora l'età giusta.

Vivere il gruppo è un'esperienza, dunque, necessaria, e tu la devi affrontare, anzi, la devi consumare anche se non lo volessi o non lo volessero i tuoi familiari.

Non penso che a te manchi un gruppo; fosse questo il tuo caso, cerca di entrarci e non ritenerti fortunato perché sai ancora divertirti con tua madre o con i giocattoli della tua cameretta. Significa soltanto che, nonostante l'età anagrafica da adolescente, vivi come un bambino e quindi che ti sei aggrappato a un'infanzia che si prolunga, vittima di quell'infantilismo di cui ti ho già parlato.

Stabilita la sua importanza, una cosa devi sapere del gruppo, uno dei suoi aspetti essenziali. Perché, se è vero che il gruppo è un'esperienza indispensabile, non è detto che sia sempre felice o che sia priva di errori e di conseguenze spiacevoli.

Il gruppo ha una forza capace di diminuire, fino ad annullarla, la tua decisionalità. E se vogliamo usare le parole importanti, la tua libertà. L'effetto del gruppo è di fare apparire accettabile, e persino lecito, un comportamento che, valutato singolarmente e quindi al di fuori dell'effetto-gruppo, apparirebbe orrendo e verrebbe condannato.

In sostanza, l'etica del gruppo mette in secondo piano e tacita quella tua personale. Cambia la tua percezione del bene e del male (e sai che l'etica distingue ciò che si deve fare sempre da ciò che non si deve fare mai).

Ebbene, la percezione del bene e del male che tu hai dentro di te, nel gruppo viene istantaneamente a cambiare e questo ti fa apparire come possibili comportamenti che non assumeresti mai da solo. A causa di questo mutamento radicale, puoi renderti responsabile di azioni che tu stesso disapprovi e che comunque la società deve giudicare e punire.

I casi che potrei citarti sono moltissimi. Ragazzi che hanno abusato di una compagna di scuola insieme ad altri, mentre nel rapporto da solo a solo con lei mancavano del coraggio persino di darle un bacio o di confessare una certa simpatia. Casi in cui si è provocata la morte a un'innocente, in gruppo: sembrava un giochetto banale fino a quando non si è percepita la gravità del fatto rianalizzandolo singolarmente, alla luce della propria personalità e dei propri principi.

La prima cosa, dunque, di cui occorre tu sia sempre consapevole è che il gruppo può influire sui tuoi principi e sul tuo senso del limite, che devi invece stare attento a non modificare.

I padri dovrebbero aiutare i figli adolescenti a comprendere la dinamica del gruppo, e discutere con loro le modalità di difesa, affinché il gruppo non annulli la dimensione dell'etica individuale, su cui si fonda l'identità di ciascuno. E interessandosi di questo aspetto, si potrebbero accorgere che il figlio adolescente non ha ancora strutturato una categoria di principi, e in tale indeterminazione si trova nelle condizioni di poter compiere un'azione lodevole il mattino e la sera ammazzare la nonna: comportamento verso il quale sono molto sensibile, data la mia età.

Voglio raccontarti un caso, anche se brevemente, come una lettera richiede e come questa impone, dal momento che si trascina e si allunga troppo. Una storia che illustra questa doppia morale, percezioni confuse o contraddittorie sul bene e sul male.

La protagonista di questa storia aveva allora diciassette anni e poiché il padre le imponeva comportamenti che a lei non piacevano e ultimamente era giunto a proibirle di uscire con un amico che, avendo già compiuto diciotto anni, poteva guidare la macchina, decise di ucciderlo.

Non aveva il coraggio di farlo direttamente e perciò incaricò della faccenda una ragazza più grande di lei che, dietro la promessa di un po' di denaro e spacciandosi per infermiera, prima lo fece sentire male sciogliendo qualcosa nel caffè e poi, fingendo di aiutarlo con un'iniezione per tenere su la pressione, lo finì. Era una dose di eroina.

Non mi voglio soffermare sul delitto che ha occupato a lungo le pagine dei quotidiani, ma raccontarti di quel pomeriggio in cui mi sono recato a visitarla in carcere, a Torino, e l'ho trovata accigliata e arrabbiata.

A farla indignare, mi spiegò, era stato il fatto che io le avessi mandato una psicologa, qualche giorno prima, e che questa – era febbraio – si fosse presentata in pelliccia.

Le feci notare che faceva freddo, ma lei subito, e con veemenza, ribatté: «Era una pelliccia di animale, per confezionarla avranno ammazzato una dozzina di ermellini».

A questa considerazione seguì una vera predica a difesa degli animali, sul rispetto che occorre avere nei loro confronti. Il suo cruccio, mi spiegò, era di non poter tenere con sé, in cella, il proprio gatto. Richiesta che aveva presentato più volte e che era sempre stata respinta. Lei non se ne dava pace, non soltanto per le proprie esigenze di legame, ma anche per quel gatto, che certamente desiderava condividere con lei la vita.

Mentre mi raccontava tutto questo, io pensavo che aveva ammazzato il padre e quindi che un padre, per quanto cattivo (è una pura supposizione), secondo questa ragazza non meritava le attenzioni di un gatto o di un ermellino.

Non intendo certo mettere in discussione il rispetto per gli animali e affrontare il problema delle pellicce. Mi interessa evidenziare la forte incoerenza nell'applicazione del principio di bene e di male e nella percezione dei diritti, generosamente riconosciuti a un gatto e caparbiamente negati a un uomo.

Un caso certamente estremo, ma in grado di sottolineare l'importanza dei fondamenti etici e il ruolo dei padri che, proprio analizzando l'influenza che il gruppo esercita sul proprio figlio, potrebbero accorgersi di quanto sia urgente rafforzare i suoi valori morali per aiutarlo a muoversi in un mondo sempre più caotico e accelerato.

Devi stare attento che il gruppo non ti strumentalizzi, e devi stare attento a non plagiare altri, sostituendoti alla loro libertà di scelta. Finiresti in entrambi i casi per avere una posizione particolare, sia pure opposta, anomala dentro il gruppo.

Lo spazio che ci si ritaglia nel gruppo non deve mai essere eccessivamente asimmetrico rispetto a quello degli altri. Altrimenti si diventa motivo di conflitti, oggetto di gelosia, e il gruppo può trasformarsi in una macchina che ti stritola.

Per dirla in breve, questo tuo gruppo è e deve essere un gruppo di anonimi e di uguali che non ammette al suo interno la presenza di qualche narciso che si eleva al di sopra degli altri e si differenzia, come capo o come vittima: in ciascuna di queste funzioni verrebbe colpito.

Sono molti i tipi di gruppo, ma quello di cui tu hai bisogno è un insieme in cui si percepisce l'altro come simile a sé e in questo specchiarsi si vincono le paure della metamorfosi, che se affrontate da soli inducono a sentirsi casi rari e quindi dei mostri.

Insomma, devi sapere che vivere in un gruppo non è facile se non si capisce che cos'è e come funziona, e se non sono chiare le esigenze che uno ha quando lo cerca, vuole entrarci e inizialmente ha paura di esserne escluso.

Il gruppo è un problema dell'adolescenza, e la famiglia dovrebbe aiutare a capire questa nuova tappa nella socializzazione senza farsi antagonista e senza mostrare sfiducia attraverso giudizi sommari e temerari.

E ora, carissimo, permettimi uno sfogo a proposito della scuola.

Mi pare assurdo che gli adolescenti non debbano vivere l'esperienza di gruppo nel luogo deputato «naturalmente» alla socialità: la classe. Potrebbe avere tutte le caratteristiche richieste e ugualmente, anzi meglio, raggiungere la finalità dell'apprendere.

Mi pare assurdo che la classe sia stata ridotta a un campo di battaglia da cui devono emergere i vincitori – i bravi – e gli sconfitti – gli asini – all'insegna di un individualismo che è la negazione non solo di quel gruppo particolare, ma di ogni aggregazione. Aggiungi che mi riferisco alla scuola dell'obbligo e dunque a un regime di coazione, positiva dal punto di vista dei principi generali (il diritto allo studio), ma non certo dei risultati: invece di abituare gli adolescenti a lavorare in gruppo e a percepire la classe come un'unità, li costringe a un agone da cui emergono gli approvati e i bocciati.

Gli adolescenti vivono il gruppo davanti a una cabina del telefono o in qualche luogo della periferia della città e non nelle scuole, che dovrebbero rappresentare il luogo ideale, anche perché permetterebbero di fare questa esperienza in maniera «protetta».

I risultati della classe dovrebbero esprimere l'insieme, non la frammentazione nei singoli componenti in lotta, su cui pesano le ingiustizie della valutazione. Una scuola che si fonda sulle simpatie e le antipatie, sulle raccomandazioni dirette e quelle derivanti dalla risonanza di un nome del potere cittadino o della parentela con questo o quell'insegnante. E pensare che la classe permetterebbe un'esperienza di gruppo importantissima.

Ecco la mia indignazione, ecco il mio sfogo. E ho talmente tanta voglia di esternartelo che non mi importa se lo limiterò a un'analisi affrettata e generica: il nocciolo è la grande delusione.

Si parla tanto di luoghi per i giovani e sprechiamo in questo modo un luogo specifico, la scuola, che dovrebbe favorire la crescita, rispondere ai bisogni concreti degli adolescenti e non inculcare un sapere barocco e legato alle ossessioni degli insegnanti. È come se una squadra di calcio usasse un pezzo di strada trafficata per giocare al pallone, mentre vicino c'è un campo da gara di serie A abbandonato e magari destinato ad attività che non sono proprie. La scuola deve capire che gli obiettivi istituzionali potrebbero essere conseguiti allo stesso modo puntando sulla classe come unità e non sui singoli.

Non si tratterebbe di una forma di omogeneizzazione, quanto di un modello simile a quello di un'orchestra. Se uno non sa suonare il violino occorre dargli uno strumento con cui esprimere le proprie doti, magari una tromba o i timpani, che pur intervenendo poco nell'esecuzione di una sinfonia danno in alcuni momenti quell'apporto senza il quale l'insieme sarebbe manchevole e impoverito. Pensa cosa sarebbero la *Prima Sinfonia* di Mahler e la *Nona* di Beethoven senza timpani. La classe come orchestra in cui il risultato, la sinfonia, spetta a tutti e, certo, anche al direttore, che non suona alcuno strumento ma li coordina e li fa entrare in una perfetta sintonia. Questo è l'insegnante.

Per continuare questo mio sfogo, aggiungi che i padri guardano al tuo curriculum scolastico solo attraverso «i voti», e ignorano tutto il resto: non si preoccupano affatto che tu faccia parte di un gruppo-mancante, un magma in lotta, una patologia del gruppo, almeno rispetto ai tuoi bisogni di adolescente.

E pensano, anzi, che il voto sia al contempo un check-up della tua «normalità», trascurando del tutto il gruppo per te vitale, quello della strada, dove magari sei un san Sebastiano colpito da frecce, oppure sei tra quelli che le scagliano.

Mio caro, questo sfogo non deve farti sentire una vittima e fornirti un alibi per approfittare dei vantaggi di cui spesso le vittime godono o pensano di godere, ma vuole farti capire quanto sia importante comprendere come funziona il gruppo in cui ti trovi e riconoscere quei livelli di guardia che garantiscono che tu non venga travolto da una tracimazione che potrebbe alluvionarti.

Sono contento di aver chiuso con un riferimento sinfonico il «capitoletto» sul gruppo, perché devi sapere che amo moltissimo sia Beethoven sia Mahler. Io so che la musica ci appassiona entrambi, anche se i generi sono diversi. Nonostante io preferisca rifugiarmi nei miei amori musicali, non potendo approfondire i tuoi e mancandomi il tempo per farlo, penso che la musica, anche la tua musica, sia un condimento fantastico della nostra esistenza.

Faccio fatica a concepire come tu riesca ad ascoltarla e fare contemporaneamente altre cose, perché a me richiede concentrazione, una dedizione totale della mente e anche del corpo, poiché è verissimo che le note bombardano o accarezzano la nostra corporeità fino a farci muovere, a farci ballare, sia pure con stili un po' differenti.

Avrai notato che in questa epistola non ho mai fatto riferimento ai contenuti. Sarebbe un errore se una generazione volesse indicare i contenuti dell'esistenza alla successiva. Devono essere scelti da ciascuna, e la sensibilità di ciascuna è così diversa che sarebbe impossibile ai padri suggerire argomenti capaci di appassionare i figli. I padri si sono animati su temi che nel contempo hanno anche consumato.

Ho voluto parlarti soltanto dell'adolescenza come tempo speciale della crescita, con le sue dinamiche, la sua bellezza e anche i suoi pericoli.

Non posso nasconderti, tuttavia, che mi fa felice sapere che voi avete una grande sensibilità ai temi della pace e che la volete «senza se e senza ma»: la pace come necessità.

Sono altrettanto contento che i temi dell'integrazione tra culture e tra persone che la storia ha tenuto lontane e in condizioni economiche diversissime siano cari a te e a tutti gli adolescenti, che vi impegnate per abbattere le barriere e cogliere fino in fondo il valore della cooperazione.

Apprezzo il senso di giustizia che ti anima, la tua repulsione per la divisione dell'umanità tra ricchi e poveri, la tua indignazione per «i bambini che muoiono di fame» mentre potrebbero campare con i rifiuti di una società dell'inutile.

Mi rassicura constatare che hai un particolare senso della Natura e che la consideri un sistema di grande valore, di cui sei e siamo tutti parte e che quindi non può essere maltrattata e dissipata, pena farci del male e appunto ferirci mentre la deturpiamo. Il mondo in cui viviamo è straordinario e va religiosamente rispettato.

Sovente scappo dalle città per andare dove la Natura si impone all'uomo, dove l'uomo non è padrone ma ospite.

Quest'estate sono stato in Scozia, a Inverkirkaig, in una casetta sull'oceano, davanti a un teatro naturale dove dominano i gabbiani, gli aironi grigi e una quantità di uccelli di mare perennemente in volo: una vita talmente ricca da farmi sentire in dovere di restare in silenzio per non disturbare, come appunto fossi un loro ospite. Appeso sull'acqua incontaminata, nel pendolare continuo delle maree e di fronte al parco nazionale di Inverpolly.

Insomma, sono soddisfatto dei temi che gli adolescenti fanno propri, amano, e che saranno certo parte del contenuto culturale che seguirà la mia generazione. Che nessuno vi imponga i temi del futuro, quelli su cui occorre lavorare. Si devono rispettare le nuove sensibilità, anche se sembrano cozzare contro ciò che i «grandi», meglio i «vecchi», vorrebbero. Il mondo futuro è nelle mani dei giovani e io passo «il testimone» con estrema determinazione, e volentieri, anche per la consapevolezza dei disastri che la mia generazione ha provocato.

Ho una fiducia sconfinata in voi.

Sono più preoccupato dalla possibilità che invece che vivere la vostra adolescenza come occasione per crescere, la riduciate a spazio dove sprecare la vita e rovinarla, gravandola di pesi che finiranno per incidere anche sul futuro, quando questa fase sarà passata e la visione del mondo sarà diversa, molto diversa.

Sono preoccupato dalla mancanza, tra di voi, di principi generali, come appunto quelli che impongono di evitare sempre certi comportamenti, di rispettare l'altro e la vita.

Sono preoccupato di quel vuoto per cui tutto viene messo sullo stesso piano, di quell'empirismo che porta a sperimentare tutto senza pensarci o valutando le conseguenze mentre accadono e non prima, prevedendole.

Ma i contenuti, le grandi direzioni del futuro, spettano a te, a voi giovani. Ecco l'importanza del futuro, della certezza di un domani che va costruito fin da adesso, dentro la testa, nella tua immaginazione e nel tuo desiderio.

La Natura è una cornice straordinaria in cui l'uomo opera e mi piace prenderla come spunto per l'ultimo capitoletto, che voglio dedicare al sacro.

La Natura con il suo fascino arcano e misterioso, nel mio frammento di paradiso a Inverkirkaig è solcata da voci che mi raccontano storie che non capisco: la voce degli uccelli, del vento, il mormorare del mare che talora si fa minaccioso. Qui la mia dimensione si fa nulla e penso, penso insistentemente al sacro.

Ma prima devo parlare dell'amore, che è un bisogno fondamentale della tua seconda adolescenza.

Il bisogno di un amore esclusivo

In un'estrema sintesi potremmo dire che nella primissima infanzia il bambino è legato alla madre in modo simbiotico e non riesce a distinguersi da lei. Successivamente, a partire dal terzo anno di vita, si percepisce invece come distinto in una famiglia che si caratterizza per la stabilità di alcune figure, in cui egli trova piena identificazione: padre e madre, fondamentalmente.

Con la pubertà e l'inizio della prima adolescenza, come ti ho detto, si pone il bisogno del distacco dalla famiglia d'origine, per legarsi al gruppo dei pari età, che diventa la famiglia sostitutiva, il luogo per un'identificazione non più soggettiva ma sociale. Con la seconda adolescenza, che parte intorno ai sedici-diciassette anni, si avverte infine il bisogno di un legame esclusivo, di un legame d'amore.

Nella tua prima adolescenza il riferimento è il gruppo, nella seconda una persona precisa che magari si incontra al suo interno, ma che si comincia a frequentare da soli, senza gli altri, per realizzare un legame speciale che assume la forma ora di amicizia forte (il tuo miglior amico), ora di amore (il tuo ragazzo o la tua ragazza). L'amore porta a rappresentare la propria esistenza e il proprio senso soltanto insieme all'oggetto d'amore.

Questo nuovo bisogno comporta un cambiamento completo della visione dei problemi che hanno caratterizzato la tua prima adolescenza. Se fino a quel momento il tuo comportamento tendeva a uniformarsi a quello del gruppo e quindi a esprimersi con atti assolutamente coerenti e simili a quelli degli altri, adesso tendi a mettere in mostra un'originalità che non percepisci più come mostruosità ma come elemento distintivo per piacere a lei o a lui. Per questo bisogna essere unici.

Scompaiono i problemi legati al tuo corpo, almeno cambiano, e ora si profila il tema della sessualità in tutta la sua concretezza. Gli organi sessuali non sono più parti del corpo più o meno mostruose o fuori misura, ma organi della relazione e portatori di una capacità di esprimere non solo l'amore ma anche la passione. E allora il problema diventa quello della funzione, del significato.

Stiamo parlando di una condizione in cui invece che coprirti con una maschera ti devi spogliare, e non solo metaforicamente, poiché la tua compagna o il tuo compagno tende a entrare nell'intimo, a scoprire tutto ciò che gli altri non vedono, a voler conoscerti fino al dettaglio.

Si tratta di un'esperienza che progressivamente rassicura, poiché ci si sente amati, scelti, e si constata che ciò che si teneva nascosto e di cui si provava vergogna ora è apprezzato, non spaventa affatto la persona che ci vuole bene.

In qualche modo, con il legame esclusivo si tende a rivivere una simbiosi, quella della primissima infanzia, che è la condizione di massima rassicurazione possibile.

Grazie a questa forma di rassicurazione superi il terrore di non essere «normale» e di non poter vivere nel mondo in maniera «normale». Superi anche la voglia di eroismo sfrenato o, quanto meno, questa voglia si assopisce.

Certo, il tempo presente si caratterizza per un grande consumo anche dei legami d'amore. Una relazione esclusiva può facilmente terminare per lasciare il posto a un'altra e poi a un'altra ancora. E allora il senso di sicurezza, che si lega anche alla continuazione di una storia, finisce per essere minato da questa frammentazione dispersiva.

Il richiamo alla centralità dell'amore nella seconda adolescenza non implica affatto che l'amore non sia un bisogno anche nelle precedenti fasi di crescita. Cambia soltanto l'«oggetto».

Nella prima fase non hai bisogno di un amore totale, di un rapporto esclusivo, ma di vivere l'esperienza del gruppo dei pari, hai bisogno dell'amore del gruppo. Come prima, quando eri un fanciullo, avevi bisogno di quello della famiglia.

Credo che l'amore sia sempre una componente dei desideri, a prescindere dalla specificità degli oggetti d'amore, e sono convinto che in tutta la fase di crescita si cerchi l'amore prima ancora dell'approvazione.

Anche a scuola, devi sentirti amato, o comunque al centro di un'attenzione che ti aiuti a trovare fiducia in te e a imparare a esporti, a dare il meglio delle tue dotazioni naturali o acquisite. La scuola come laboratorio sociale in cui ognuno dà e riceve, e non come un tribunale in cui si emettono verdetti ogni giorno o classifiche in cui assieme al primo, che è felice, c'è sempre un ultimo, che si sente escluso e non amato.

Ti puoi sentire amato da un insegnante che riprova la tua interrogazione o il tuo compito in classe, basta che tutto avvenga in un clima di sostegno, di stimolo, e non di condanna.

Certo, conta soprattutto l'amore di una ragazza o, per una adolescente, di un ragazzo, ma deve diventare il punto di riferimento della seconda adolescenza, mentre è bene che prima la relazione si limiti ad abboccamenti transitori.

L'amore di coppia è basilare poiché è anche il banco di prova dei propri sentimenti e costituisce il fondamento, l'àncora per una socialità che ora deve allargarsi rispetto al gruppo dei pari età, estendendosi al consesso sociale nella sua più ampia dimensione.

Nella seconda adolescenza il confronto sociale è più accentuato, richiede l'affermazione di una diversità, e lo devi affrontare con gradualità per poter scoprire bene quali siano le tue tendenze e non sottometterle alle mode.

In questa fase il gruppo sociale ampio tenderà a far emergere le individualità. Come il rapporto d'amore è del tutto irripetibile poiché è vissuto da due persone distinte, speciali, anche nella società si diventa soggetti sociali particolari. Un cambio di strategia straordinario, che giunge a ribaltare la prospettiva della prima adolescenza e fa apparire come sorpassati i problemi che la caratterizzano. Non risolti, ma non più attuali, non più percepiti e tanto meno sentiti come drammatici.

La seconda adolescenza è il tempo dell'amore, della scoperta del legame di coppia, tra piani e speranze, tra attese e verifiche, tra ansie e piacere. Un'esperienza profonda come profondo è il percorso dell'amore. Devi solo stare attento a non consumare la voglia di legame in uno sperimentalismo superficiale e in un empirismo senza progetto. Devi avere la consapevolezza che in questa nuova situazione si dà molto di sé, ed è bene cercare di collocare questa donazione in un rapporto che risponda ai criteri di un'affinità che solo lo stare insieme metterà in luce o mostrerà illusoria e male impostata. Devi stare attento a non buttarti via, a non disperdere quella parte di te che entra nell'amore e qualche volta coinvolge totalmente. Ecco perché devi saper attendere, non precipitarti in un legame semplicemente per paura di non trovarlo e di rimanere solo, senza l'amore. Ciò che separa l'avere o no l'oggetto d'amore non è un abisso, ma uno sguardo che può «investirti» tra un attimo. L'amore è un'esperienza straordinaria e capita a tutti, prima o dopo. È rara, ma capita a tutti: uno dei tanti paradossi dell'amore. Un legame essenziale che a me appare oggi addirittura sacro.

E ora rimane l'ultimo capitoletto, proprio su questo tema: il sacro.

Il sacro

Il sacro è una categoria della mente, qualche cosa di strutturale all'uomo, al suo modo di pensare.

Come esistono categorie del pensiero logico così ne esistono altre che riguardano il *nouminosum*, il fascinoso potremmo dire. E il fascino è ciò che contemporaneamente attira e spaventa.

Lo avrai notato anche dentro di te: di fronte a certe situazioni avverti paura ma anche la voglia di guardare, di conoscere, come se fossi ammaliato da ciò che non sai che cosa sia.

Un'attrazione per ciò che non conosci e, poiché non lo conosci, potrebbe non esserci. Eppure la sensazione è diversa rispetto a quella che provi di fronte a qualcosa che non esiste per nulla e che nemmeno ti colpisce. Si tratta di un ignoto che sai che può essere, anzi c'è, ma non lo conosci. Stavo per dire: «C'è proprio perché non sai cos'è».

Forse hai seguito questa mia raffica di parole, forse ti è servita semplicemente per concludere che sono matto.

Vedi, ho dedicato molti anni della mia vita alla ricerca scientifica sul cervello, allora si chiamava «pura» perché non aveva finalità applicative, almeno immediate. Poi sono passato al comportamento umano e mi sono dedicato alle scienze dell'uomo.

Uno sforzo per capire almeno un po' questo essere, maledetto e poeta, capace di ammazzare e di accarezzare con la delicatezza di un angelo. Ho cercato di dare un fondamento razionale alla conoscenza e caparbiamente mi sono sempre definito un uomo della Città della terra, perché mi sono reso conto che l'Eden perduto può essere ritrovato qui, dove l'uomo può campare diventando sempre più umano e sempre meno mostro. Non sono mai fuggito in cielo e non mi piace farlo nemmeno adesso, anche se credo che lì siano finiti molti dei miei cari e mio padre, e lì spero io stesso di giungere, per lo meno davanti alla porta d'ingresso. Sono un uomo di questa terra, ho piani per questo mondo, e non voglio fuggire, abbandonando l'uomo.

Tutto ciò non ha fatto scemare in me l'attrazione per la sacralità, proprio perché è parte di questa terra, della mente dell'uomo.

Il sacro è qualcosa che abbiamo dentro, impiantato in noi, e ha come suo fondamento il fascino, che richiama subito un'altra parola: il mistero, appunto.

Il mistero è qualcosa che non spieghi, ma mentre constati che ti sfugge avverti che ti ha preso dentro, e per questo qualcosa hai capito.

Il «capire di non capire», direbbe Socrate, è il comprendere possibile per l'uomo.

Il mistero ti avvolge, ti disturba magari, ma non ti lascia indifferente.

Insomma, il sacro è una percezione del mondo, non riducibile alla comprensione logica.

Vedi, non c'è nessun mistero sulla costruzione di un'automobile. Tu puoi ignorare come si costruisca uno spinterogeno, ma se vuoi puoi trovare qualcuno che te lo insegni.

Ci sono però anche realtà che non ti spieghi, e

nessuno lo sa fare. Non c'è un meccanico del mistero, poiché si tratta di una sensazione che ti avvolge, che appunto ti affascina. E ti fa paura.

La dimensione che più si avvicina, per certi aspetti, a questa categoria della mente è quella della favola.

Le favole ti piacevano, da bambino, e forse ti piacciono ancora adesso. Quel mondo in cui avvenivano cose strane, impossibili ma affascinanti, e volevi che te le raccontassero infinite volte e sempre nella stessa maniera e con le identiche parole. Le conoscevi perfettamente nella loro sequenza, ma mantenevano il potere di affascinarti anche se ripetute e ripetute ancora.

«Sacro», lo hai capito bene, non è sinonimo di «religioso».

Le religioni sono dei sistemi di pensiero e persino delle «cronache» (pensa al Cristianesimo come rivelazione) che tentano di dare risposte ai bisogni del sacro. Tutti possiedono il sacro come categoria, tutti ne avvertono il fascino, molti vi rispondono con una religione, con una delle tante che nel mondo e nella storia si sono proposte.

Uno può negare di essere religioso, di appartenere a un sistema religioso, ma nessuno può negare di avvertire il sacro e di aver bisogno di risposte.

Ora ti è chiaro, io non sono in grado di parlarti di religione e della religione più diffusa nella nostra cultura, il Cristianesimo; ma posso legittimamente richiamarti al sacro, alla sacralità del nostro sentire, a un'aura che non va perduta se non vogliamo diventare dei cinici, macchine razionali, deterministi capaci di ridurre tutto al «chiaro e distinto» e di negare valore a ciò che non vi rientra, definendolo nulla, errore, illusione.

Di fronte all'oceano della baia di Inverkirkaig avverti un silenzio che ti confonde, un gabbiano che invia messaggi che non cogli e ti viene da parlare a voce bassa per non disturbare. In cielo intanto recita il tramonto, quei colori che non rimandano alla chimica a cui potrebbero essere ridotti, ma al mistero, a qualche cosa che non sai cosa sia, eppure è.

Pensa, un gabbiano sa camminare sulla terra, nuotare nell'acqua e volare in cielo.

Attorno a me, sulla terraferma questa volta, a Inverkirkaig c'è un tappeto di erica, rosso ruggine, e mi colora.

La sua presenza, lo so, la può spiegare un botanico, ma il mattino quando la incontri, in questo mondo fuori della civiltà, ti accorgi che l'erica ha più di te il diritto di essere. Il cielo sconfinato, la sera, con le stelle che si perdono nell'illimitato, ti sconvolgono e pensi all'origine del mondo e ti perdi come fossi anche tu un frammento di stelle che vuole essere e non capire, essere parte del mistero e non un mistero svelato.

Non amo le soluzioni del mistero, ma tutto ciò che lo approfondisce e lo rende ancor più misterioso: cercando di svelare il mistero si passa da un mistero a uno più grande, fino al sospetto che tutto sia mistero, persino la tua voglia di chiarire e di marchiare con il timbro della verità ciò che ti sfugge e che appena ti pare di possedere scompare in nuovi misteri.

Non si tratta di ignorare quanto si è svelato, ma del non sapere ciò che nessuno sa. Il sapere di non sapere: ecco di nuovo il gioco delle parole e la loro inutilità.

L'uomo ha la facoltà di porsi problemi e di non poterli risolvere: il limite della mente, la bellezza della mente.

Il mistero della crescita, di una vita che viene a questo mondo, e non solo quella dell'uomo.

Ricordalo: sei e potresti non essere mai stato. Tua madre e tuo padre sono i responsabili di quel tuo esser generato, un mistero che dà sacralità alla vita e anche a loro, a quel padre e a quella madre che abbiamo criticato e per certi versi anche sgridato.

C'è il mistero dell'amore, il mistero della morte, il mistero dell'esserci invece che esser nulla.

Perché il mondo e non il nulla?

Il mistero non ha nulla a che fare con l'irrazionale. La ragione ha una funzione straordinaria nella vita dell'uomo e nell'ordinarla su questa terra, ma il mistero rimane, anche per chi vorrebbe ridurre tutto alla logica e al principio di non contraddizione.

Anche il mistero è «chiaro», preciso, intrigante, affascinante, tremendo. E la tua esistenza è parte di questo mistero e va rispettata, perché è sostanzialmente un ignoto.

Come ti stai accorgendo, il rischio è di farneticare, di impantanarsi tra il senso delle parole e il loro dileguarsi come puro suono, come rumore dentro il silenzio che si fa meditazione e ha bisogno di meditazione. Necessità di fermarsi e di guardarsi attorno e poi chiudere gli occhi e così «vedere» se dentro l'uomo, dentro ciascuno, ci sia qualche cosa che ancora non abbiamo incontrato. Il mistero dell'uomo.

Il sacro porta a Dio.

Ricordatelo, il sacro, non la religione che ti dà un dio con caratteristiche precise, confezionato per dare risposta alle tue esigenze strutturali, legate alla tua mente.

Io non posso parlarti di Dio, e rispetto e voglio bene a quanti lo possono fare, perché ne hanno esperienza, una conoscenza diretta.

Io non ce l'ho un dio o Dio, ma lo cerco e, credimi, è bellissimo anche soltanto cercare, vagare per questo mondo della Natura, andare in cielo, ma anche dentro la mente dell'uomo, e cercarlo, cercarlo.

È straordinario avere qualcosa a che fare con questo Dio, noto oppure ignoto. È un mistero, qualcosa che non conosci ma che senti. C'è e non sai perché e come. E allora cercalo, dappertutto, non importa se lo troverai, essenziale per vivere è seguire il sacro e cercare una risposta.

Allora il mondo non avrà confini di tempo e di spazio e la tua adolescenza non sarà soltanto una sacca di difficoltà e una prova, ma diventerà un mistero, un frammento del mistero, più vasto di quello dell'essere nel mondo mentre si sarebbe potuto non essere affatto, bastava che mancasse un abbraccio tra tua madre e tuo padre, nove mesi prima che tu nascessi: un abbraccio che ti ha generato.

Ricordati di criticare tuo padre e tua madre, di difendere i tuoi diritti, compreso quello del rischio e dell'errore. Ma amali sempre.

Ti hanno generato, un evento tremendo e stupendo perché ci sei e puoi dare un senso non solo alla tua vita, ma a quella più vasta del mondo: puoi essere mondo.

Non buttarti via, non farti del male perché, così facendo, colpisci il mondo intero.

Non ti appartieni, sei. Sei come è il mondo attorno a te. Sei mistero, e nel mistero del tuo esserci forse vali più di quanto tu immagini. Hai un senso che va oltre il senso.

Ti confesso di avere le lacrime agli occhi. Non so perché, forse semplicemente per salutarti e abbracciarti con una fortissima emozione.

A presto
Tuo

Vittorino Andreoli

Finito di stampare nel settembre 2012 presso
Grafica Veneta - via Malcanton, 2 - Trebaseleghe (PD)
Printed in Italy

RCS
Libri

ISBN 978-88-17-05630-4